Mère Meera

Réponses

Titre de l'édition originale anglaise:
«*Answers*»

Mère Meera
Oberdorf 4a
65599 Dornburg-Thalheim
Allemagne
Tél. 06436-2305
Fax. 06436-2361

Imprimé en Allemagne

TABLE DES MATIÈRES

Introduction 7
Le Travail de Mère Meera..11
La Descente de Lumière de Paramatman 14
Paramatman et sa Lumière 18
La Mère Divine 20
La Transformation du Monde 25
A propos de Mère Meera..27
Les Avatars 43
Maîtres et Gourous...50
L'Ouverture à la Lumière 55
Aspects du Chemin...60
Le Rythme du Chemin..72
Les Chemins traditionnels et la Voie de la Mère...74
Le Darshan 76
Le Darshan à Distance 87
Le Contact intérieur 89
Méditation/Japa 96
Expériences spirituelles 101
La Prière..108
Amour et Dévotion 113
Abandon et Offrande...120
L'Ego...124
La Douleur sur le Chemin.......................................125
La Souffrance 131
L'Intellect 133

La Réalisation....135
Travailler dans le Monde....141
Les Relations humaines....147
La Sexualité....151
Les Enfants....154
Les Emotions....159
La Nourriture....162
La Mort et la Réincarnation....163
Le Péché....169
Les Forces du Mal....171
La Science, la Technologie et l'Avenir....173
La Crise mondiale....175
Contribuer au Travail de la Mère....182

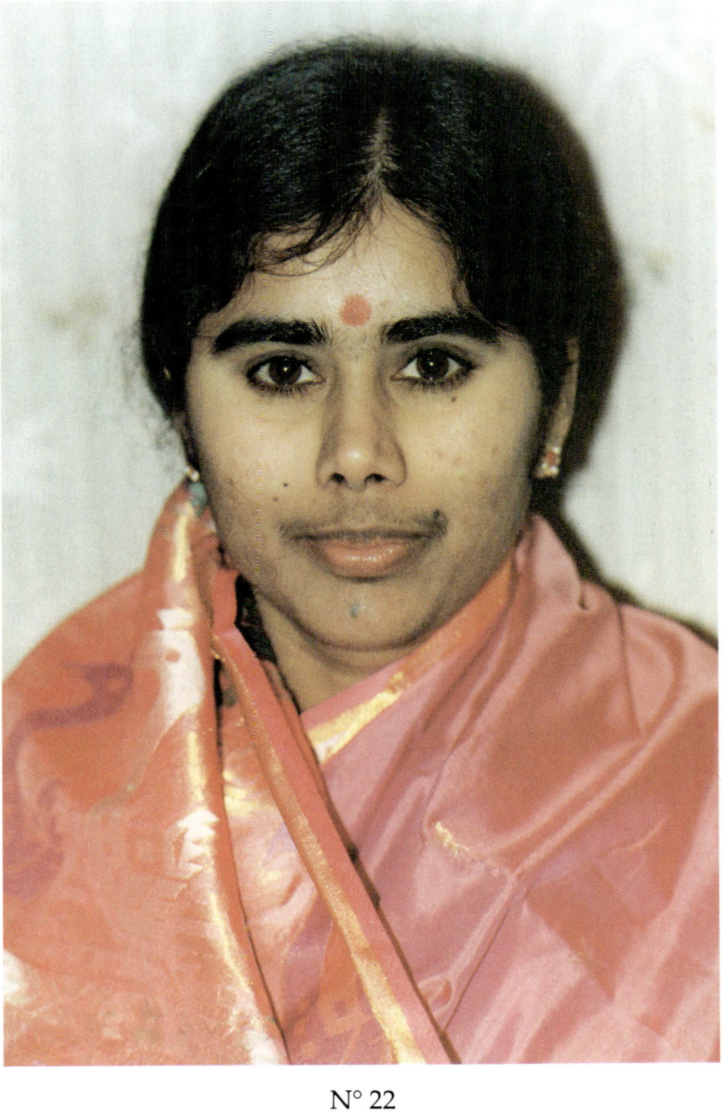

N° 22
En Allemagne à Thalheim (1994)

INTRODUCTION

La Mère Divine a toujours été vénérée comme étant l'âme et la force qui maintiennent l'univers. Bien que certains des visages qu'elle présente soient bien connus – Kali, la Vierge Marie, Isis, par exemple – nombre de ses formes incarnées ont choisi de travailler discrètement dans le monde. A une époque aussi troublée que celle que nous vivons, plusieurs incarnations de la Mère Divine se trouvent parmi nous, chacune avec sa tâche particulière de guérison, de protection ou de transformation.

L'un des plus universellement vénérés et aimés de ces Avatars de la Mère Divine est Mère Meera, une jeune femme indienne, née le 26 décembre 1960 à Chandepalle, un village du Sud de l'Inde. Elle se montra, très jeune, une enfant peu ordinaire: à l'âge de trois ans elle racontait qu'elle allait vers "différentes lumières". Ses parents la considéraient comme une enfant exceptionelle et l'aimaient beaucoup. Sa famille n'était pas spécialement religieuse, et elle n'a été élevée dans aucune tradition particulière. Ses véritables parents furent les guides spirituels rencontrés dans des visions; ce sont eux qui lui apportèrent l'amour et le soutien dont elle avait besoin. L'état de samadhi était permanent pour elle. Sous la protection de M. Reddy, elle vécut quelque temps à Pondichéry où sa présence extraordinaire attirait considérablement l'attention. Elle épousa, en 1982, un allemand qui habite maintenant avec la Mère. Elle vit maintenant dans un paisible village d'Allemagne. Bien qu'elle n'ait pas recherché la publicité, des milliers de personnes du monde entier sont venues recevoir son darshan, le don silencieux de la guérison intérieure et de la Lumière par son regard et son contact.

Le don unique que Mère Meera fait au monde est de rendre accessible, pour la première fois dans l'histoire de la Terre, la Lumière radicalement transformatrice de Paramatman, l'Etre Suprême. En cette période de crise et de faim spirituelle croissante, la Mère offre à ses enfants une transmission directe de Lumière, qui dissout toutes les barrières et change l'être tout entier. Cette Lumière, tous ceux qui sont ouverts peuvent la recevoir, qu'ils aient ou non rencontré la Mère physiquement.

Etant une incarnation de la Mère Divine, Mère Meera est au-dessus de tous dogmes et de toutes hiérarchies. Elle ne demande aucune allégeance particulière et offre son pouvoir de transformation à tous, quelle que soit leur voie ou leur religion.

Réponses, c'est à la fois les réponses que Mère Meera a données à des questions que des devotees lui ont posées au fil de nombreuses années à propos de son identité, de son travail et de sa voie, et un aperçu du travail de la Mère Divine dans le monde. Les questions et les réponses ont été recueillies par Christine Cox, Jeffrey Cox, Adilakshmi, secrétaire et devotee de Mère Meera, ainsi que par d'autres devotees. Adilakshmi a ajouté quelques commentaires merveilleux, qui ont été retenus dans ce livre.

La Mère Divine est présente dans un corps, offrant en ces temps particulièrement difficiles, un chemin de joie et de transformation, une possibilité de s'ouvrir à sa bénédiction, de recevoir et de travailler avec sa Lumière, de nous changer nous-mêmes, ainsi que le monde dans lequel nous vivons.

«Tout l'objet de mon travail est d'appeler ici-bas la Lumière de Paramatman et d'aider les gens. C'est pour cela que je suis venue – pour ouvrir vos cœurs à la Lumière.»

LE TRAVAIL DE MÈRE MEERA

Question: Le travail de la Mère dans le monde se poursuit maintenant sans arrêt, n'est-ce pas?

Mère Meera: Oui, sans arrêt. On prépare la conscience de l'humanité à de grands bonds en avant et à de grandes découvertes – aussi doucement que cela s'avère possible. Mais certaines choses vont devoir être détruites. Je n'aime pas détruire, j'aime changer les choses. Mais là où il n'y a pas d'ouverture, la destruction est nécessaire. Toutefois, Dieu donne à l'homme une grande chance. De nombreuses personnes divines sont ici-bas. Nous révélons à l'homme une issue; nous lui offrons la Lumière divine, la connaissance divine. Nous apportons la conscience divine dans la conscience terrestre. Maintenant, l'homme doit choisir. L'homme est libre; Dieu ne contraindra pas ses enfants à quoi que ce soit. Il veut leur amour libre. La miséricorde et l'amour sont toujours présents.

Q: Vous avez fait descendre sur terre la Lumière de Paramatman pour accélérer le travail de transformation du monde et de l'individu. Y a-t-il à votre travail un aspect autre que celui de faire descendre la Lumière?

MM: Je suis venue dire que tous les chemins se valent et que tous mènent au Divin, et que dès lors, les divers croyants doivent respecter leurs voies respectives. Par exemple, les Musulmans, les Chrétiens, les Hindous, les Bouddhistes, de même que les personnes d'autres religions peuvent avoir leur propre foi et en suivre l'enseignement, mais ils ne doivent pas haïr ou combattre la foi des autres. Ceux qui suivent un chemin, quel qu'il soit, peuvent venir à moi – je les aide à se souvenir du Divin, et je leur donne la paix et le bonheur quand ils sont en difficulté.

Q: Quel est votre principal objectif?

MM: C'est d'aider les êtres humains et de les rendre heureux, sereins, satisfaits, harmonieux et aimants. Bonheur et croissance spirituelle sont liés. Le fait d'être serein et heureux constitue le fondement le plus important de la pratique spirituelle. A partir de là, la pratique va de soi.

Q: Quel est votre but?

MM: C'est de protéger tous les aspects de l'être humain.

Adilakshmi: Mère Meera comprend pleinement la nature humaine et sait combien l'existence sur

Terre est difficile. Elle aide toutes sortes de personnes, quelle que soit leur situation de vie ou leur niveau de conscience. D'autres incarnations tendent à concentrer leur assistance sur des personnes qui se trouvent à une étape particulière de la vie.

Q: Mère, je crains que, lorsqu'ils viennent vous voir, les gens n'interfèrent avec votre travail. Est-ce le cas?

MM: Rien ne peut entraver mon travail et rien ne le fera. Si le monde entier venait à moi, mon travail ne serait ni interrompu ni dévié pour un instant. Je travaille dans toutes les dimensions. Je travaille partout. La Terre n'est que l'une des dimensions où je travaille. Comment mon travail pourrait-il être perturbé par quoi que ce soit?

Q: Votre œuvre va-t-elle se déployer à travers les siècles et demeurera-t-elle longtemps dans les mémoires?

MM: Oui.

Q: Du fait de votre présence ici, les choses dans le monde vont-elles changer de manière intérieure ou extérieure?

MM: Des deux manières.

Q: Eprouvez-vous le besoin d'éclairer le monde rapidement?

MM: Je ne suis pas pressée. Quand le monde voudra venir, il viendra.

Q: Voulez-vous fonder une religion?

MM: Non. Le Divin est la mer. Toutes les religions sont des fleuves qui mènent à la mer. Certains fleuves serpentent beaucoup. Pourquoi ne pas aller à la mer directement?

LA DESCENTE DE LUMIÈRE DE PARAMATMAN

Q: Quelle est l'importance de la Lumière de Paramatman?

MM: J'ai appelé ici-bas la Lumière de Paramatman. La Lumière de Paramatman est en tout. Le travail de transformation sera fait beaucoup plus rapidement, à condition que les gens soient ouverts. Même s'ils ne sont pas ouverts maintenant, la pression et la puissance de la Lumière sont si intenses qu'ils s'ouvriront.

Q: Faire descendre la Lumière de Paramatman, qu'est-ce que cela signifie? Paramatman n'est-il pas déjà partout?

N° 26
Chutes du Niagara aux U.S.A. (1989)

MM: La Lumière de Paramatman est partout, mais lorsqu'on en a besoin, on doit savoir quand l'utiliser, où, comment, et à quelles fins. La Lumière a toujours été là; j'ai prié Paramatman, l'Etre Suprême, d'avoir le pouvoir de l'utiliser. La Lumière n'a jamais été UTILISÉE auparavant. Tout comme l'électricité, elle est partout, mais on doit savoir comment l'activer. C'est pour cela que je suis venue.

Q: D'après La Mère, *vous avez travaillé avec d'autres êtres divins pour faire descendre la Lumière de Paramatman. Etait-ce la première fois dans l'histoire de la Terre qu'on a fait descendre cette Lumière?*

MM: M. Reddy a posé la question à un célèbre pandit, un érudit védique, qui a fait des recherches dans les textes anciens et a dit que c'est en effet la première fois qu'on l'a fait descendre.

Q: Est-ce votre esprit divin qui dirige la Lumière de Paramatman?

MM: Il n'est guère utile d'utiliser des mots tels que esprit; le processus se déroule, tout simplement.

Q: Faites-vous descendre aussi des lumières d'autres dimensions ou travaillez-vous seulement avec la Lumière de Paramatman?

MM: Je travaille avec la Lumière de Paramatman, de même qu'avec des lumières venant des plans des Dieux et Déesses.

Q: Etait-il nécessaire que vous soyez dans le monde pour que cette Lumière y pénètre?

MM: Oui.

Q: Si vous quittez votre corps, la Lumière partira-t-elle avec vous?

MM: La Lumière restera, elle continuera. Chaque Avatar fait descendre une lumière particulière qui change l'histoire de l'humanité.

Nous devons essayer de révéler cette Lumière qui est cachée en nous, tel un bourgeon. Elle doit s'épanouir comme une fleur. En toutes choses, partout, dans tous les êtres, la Lumière est cachée, et doit être révélée. Si nous essayons de tout notre cœur, nous réussirons. Je veux que la Lumière de Paramatman fleurisse partout.

PARAMATMAN ET SA LUMIÈRE

Q: Qu'est-ce que Dieu?

MM: Qu'est-ce qui n'est pas Dieu? Toute chose – bonne ou mauvaise – est Dieu.

Q: Voudriez-vous décrire Paramatman?

MM: Paramatman est Lumière infinie et la source de tout, de l'être, de la connaissance, de la félicité, de la paix, de chaque atman, chaque âme.

Q: Y a-t-il une différence entre Paramatman et sa Lumière?

MM: En un sens, oui. Paramatman est en tout, dans toute la création – la terre, l'eau, le feu, l'air, le ciel, les animaux – à chaque instant. Mais nous ne pouvons voir la Lumière que par moments. La Lumière a la qualité de l'amour, de la grâce, de la force, de la félicité, du jnana. Sans elle, rien ne peut exister.

Q: A quoi ressemble la Lumière de Paramatman?

MM: Elle est incolore mais porte en elle toutes les couleurs, de même que les couleurs et les forces de toutes les lumières de toutes les dimensions. Elle est partout et en tout.

Q: Comment percevez-vous Paramatman? Le percevez-vous sous une forme?

MM: Je perçois Paramatman comme Lumière. Celle-ci est habituellement blanche mais parfois elle est colorée.

Q: Toutes les lumières proviennent-elles de la même source?

MM: Oui, mais chaque gourou et chaque dieu a sa propre lumière, pourvue de qualités différentes. Ce que vous recevez dépend de ce que vous vénérez.

Q: D'autres gourous peuvent-ils utiliser la Lumière de Paramatman pour aider leurs devotees?

MM: Les gourous humains ne peuvent l'utiliser. Les Avatars, par contre, puisqu'ils viennent de Paramatman, travaillent tout naturellement avec la Lumière de Paramatman. Mais travailler avec la Lumière n'est pas la même chose que faire descendre la Lumière. J'apporte ici-bas la Lumière pour la protection générale de la vie de toutes choses et de toutes créatures.

LA MÈRE DIVINE

Q: Quelle est la différence entre Dieu, la Shakti et la Mère Divine?

MM: Paramatman est tout; la Shakti est seulement une partie, une petite parcelle de son pouvoir et de sa Lumière. Paramatman crée tout, et la Shakti, les Dieux et Déesses protègent la création. La Shakti est plus puissante que la Mère Divine. La Shakti n'a pas de forme, bien que nous puissions imaginer qu'elle en a une. Elle est vénérée séparément de Paramatman et est indépendante de nos prières – ce qu'elle veut faire, elle le fera. La Shakti ne peut être contrôlée; lorsque nous la prions, nous ne pouvons que nous abandonner. La Mère Divine, en revanche, répond à nos prières. Elle éprouve de l'amour pour les humains et les protège, et elle encourage l'harmonie et la paix.

Q: La Mère Divine est-elle complètement soumise à Paramatman?

MM: Il y a une entente réciproque entre la Mère Divine et Paramatman; ce n'est pas une question de soumission.

Q: Quelle différence y a-t-il entre la Mère Divine et le Père Divin?

MM: Le Père est plus sévère; la Mère est plus aimante et plus tendre. Elle est plus patiente que le Père, et plus indulgente.

Q: Si le Bouddha représente la force de l'esprit illuminé, que représentez-vous?

MM: J'aide de toutes les manières que je peux. La force de la Mère est qu'elle ne possède pas une seule grande force, mais toutes les forces.

Q: Y a-t-il en ce moment sur Terre d'autres incarnations de la Mère Divine?

MM: Oui, beaucoup. Certaines seront connues, d'autres souhaitent conserver l'anonymat. Le travail de chacune est différent. Chacune exprime un aspect différent de la Mère Divine. Mon champ d'action est très large et plus complet. J'aide les gens à toutes les étapes de la vie, et je travaille aussi avec Sri Aurobindo et Douce Mère.

Q: Si la Mère Divine est amour, pourquoi y a-t-il tant de souffrance dans la création?

MM: Il n'y a pas que la Mère Divine, il y a aussi Paramatman.

Q: La force de la Mère est-elle particulièrement importante pour la Terre en ce moment?

MM: La Terre a toujours besoin de la Mère, de sa Lumière et de sa protection. Elle est un enfant, qui a besoin de l'aide divine de la Mère.

Q: Si je comprends bien, la Mère-Terre est l'être de notre planète Terre. Et nous, les êtres humains, en sommes-nous des parties ou des cellules?

MM: Non, nous ne sommes pas des parties, nous sommes ses enfants.

Q: Quelle est notre relation à la Mère-Terre, l'âme de cette planète?

MM: La Terre est la racine de tout – elle donne tout. La Terre donne les corps, Paramatman donne la Lumière, et nous recevons les deux.

Q: Bien que la Mère ait toujours été présente, il semble qu'actuellement l'humanité en Occident prenne de plus en plus conscience de la Mère, et ce à grande échelle.

MM: Les gens ont toujours vénéré tant la Mère Divine que Dieu. Les gens simples ont toujours cru que la Vierge Marie, par exemple, est divine bien que l'Eglise ne l'ait officiellement reconnu que tout récemment. L'important, c'est de s'ouvrir au Divin; que ce soit la Shakti ou Dieu n'a pas d'importance.

Q: Qu'est-ce qui évoque l'action de l'aspect féminin de Dieu?

MM: Quand les êtres humains aspirent sincèrement au bonheur, à l'harmonie, à la paix et à la

Lumière, alors c'est la Mère Divine qui apporte son aide.

Q: Peut-on définir le chemin spirituel guidé par l'énergie féminine, comme un chemin de transformation plutôt que de transcendance?

MM: Non. La transformation n'est qu'un aspect du processus. La transcendance, l'union avec le Divin est l'objectif primordial de l'être humain. Le but de la Personnalité Divine ou Avatar est d'aider l'être humain à être dans le Divin. La transformation n'est pas l'objectif final, mais elle permet à tous d'atteindre plus facilement l'union avec Dieu.

Q: Qu'est-ce que la transformation par la Mère Divine signifie?

MM: La Mère Divine apporte son aide en vue du bien-être physique, mental, vital et spirituel. Elle donne la paix et aide les gens à obtenir ce dont ils ont besoin. Lorsque les humains sur Terre sont affligés de difficultés, c'est la Mère Divine qui soulage leur souffrance et les réconforte.

LA TRANSFORMATION DU MONDE

Q: Les vieilles structures de l'humanité, ses idées et ses habitudes, doivent-elles toutes être transformées?

MM: Oui. Mais des changements de cette ampleur prennent du temps. Il faut y travailler, y aspirer. L'homme doit fournir un travail important; Dieu ne fera pas tout. Lorsque les gens prennent conscience de la présence de la Lumière, la transformation peut se faire plus vite. Elle se fait de toute façon, mais peu de gens en sont conscients. Ils seront bientôt plus nombreux à être conscients, beaucoup plus nombreux, et le travail pourra alors être fait plus efficacement. Mais entre-temps, profitez de la Lumière. Elle est ici; laissez-la vous changer. La transformation viendra en son temps.

Q: Je vois tant de folie et d'avidité dans le monde qu'il est difficile de croire que la transformation de l'homme et du monde soit possible.

MM: Ce que vous voyez est la réalité, mais la bonté en l'homme est tout aussi réelle. Le désir de Dieu est réel – c'est la réalité la plus authentique de l'homme. Et Dieu aime l'homme de manière absolue. La transformation se produira, mais elle prendra du temps et sera lente. Il faut lui donner des fondations solides.

Q: La transformation du monde implique de changer les aspects les plus banals et les plus difficiles de la vie, n'est-ce pas?

MM: Ce ne serait pas une transformation s'il n'en était pas ainsi. Rien ne doit être laissé de côté. Ceux qui m'aiment travailleront avec tout ce qu'ils trouvent dans le monde – avec les ténèbres et toutes les difficultés. Les gens s'imaginent-ils que je ne travaille pas, ou que l'homme réalisé ne travaille pas? Le travail divin est le plus dur de tous, et il n'a pas de fin. Je demande aux gens d'assumer toute la difficulté de la matière et de la réalité. Je suis venue dans un corps pour montrer que c'est possible. Ma grâce, mon aide et ma Lumière sont là, mais l'homme aussi doit faire le travail. Les gens ne doivent pas venir à moi seulement pour fuir quelque chose. Je ne suis pas venue uniquement pour être un refuge; je suis aussi venue pour donner la joie et la force nécessaires au changement. Il n'y a pas de réponses simples, ni de solutions faciles.

Q: Ce monde est-il particulièrement cher à Dieu?

MM: Tous les mondes sont chers à Dieu. Il a la responsabilité de s'occuper de chacun d'eux, tout comme un jardinier s'occupe de chacun des jardins d'un vaste domaine.

Q: M. Reddy, votre oncle, a dit que votre venue sur terre signifiait que l'homme était à présent en mesure de collaborer avec Dieu pour re-créer le monde, qu'il était enfin suffisamment évolué. Est-ce vrai?

MM: Oui, mais il doit être suffisamment évolué pour être humble. Il doit comprendre qu'il ne peut rien faire sans la Lumière. Il doit se tourner vers la force supérieure, la force qui est amour et connaissance.

A PROPOS DE MÈRE MEERA

Q: Vous êtes-vous incarnée en sachant que vous étiez divine?

MM: Avant de venir ici, je savais qui j'étais, que je m'incarnerais et quelle serait ma tâche. La Mère est au-delà du temps.

Q: Avez-vous jamais été un être humain?

MM: Non.

Q: Saviez-vous qui vous étiez, même lorsque vous étiez bébé?

MM: Oui, je l'ai toujours su.

Q: Pourquoi vivez-vous une vie aussi normale et aussi simple dans un paisible village d'Allemagne?

MM: Pour montrer au monde que la transformation est normale, qu'elle peut s'opérer n'importe où, et dans la vie quotidienne.

Q: De quel aspect de la Mère Divine vous sentez-vous le plus proche, parmi ceux qu'Aurobindo mentionne dans son livre La Mère*: Maheshwari, Mahasarasvati, Mahalakshmi, Mahakali? Et y en a-t-il d'autres encore qui jouent un rôle dans votre travail?*

MM: Je possède ces quatre aspects mais j'ai plus de qualités de Durga. Durga a plus de patience que les autres. Durga est l'aspect de la Mère qui aime davantage ses enfants et punit moins. Elle pardonne. Durga aime les êtres humains plus que ne le font les autres Déesses. Quand Durga détruit, elle détruit ce qui est nécessaire, non pas avec colère, mais avec amour. Durga descendra toujours au niveau auquel on a besoin d'elle, quel que soit ce niveau. On peut se la représenter de bien des manières – comme une mère, un professeur, un père.

Noir-et-blanc n° 1
En Inde à Pondichéry (1974)

Adilakshmi: Mère éprouve la véritable compassion, et la véritable compassion est dénuée de sentiment. Elle sait que, si elle berce nos illusions, elle nous maintient dans le feu de l'ignorance. Nous, qui ne connaissons pas l'amour, le déprécions en cherchant à l'abaisser à notre niveau. L'amour est à la fois plus dur et plus tendre que ce que nous en savons.

Q: Est-ce que vous changez?

MM: Mon corps change et votre perception de moi change à mesure que vous croissez dans la connaissance. J'ai toujours été et serai toujours la même.

Q: Avez-vous des désirs?

MM: Mon désir le plus profond est d'être avec Paramatman.

Adilakshmi: Lorsque Mère est dans un corps, elle souhaite aussi être totalement avec Paramatman. Pour elle, il y a une grande différence selon qu'elle est dans un corps ou avec Paramatman.

Q: Mère, quelle est cette différence?

MM: Lorsque je suis dans un corps, je dois remplir mes devoirs envers vous et envers le monde.

Quand je suis avec Paramatman, je suis libérée de toutes ces responsabilités.

Q: Est-ce cela, votre sacrifice – de renoncer à cette union totale, afin d'être ici avec nous?

MM: Oui.

Q: Pouvez-vous nous parler de votre expérience du monde et de Dieu?

MM. Bien que je sois assise ici, je peux, à ma manière, voyager en d'autres endroits. Bien que mon corps se trouve en un endroit particulier, je peux en même temps être ailleurs – à Thalheim, par exemple. Je connais simultanément le passé, le présent et le futur, de sorte qu'il n'y a pas de dualité. La conscience est toujours présente, de sorte qu'il n'y a que le Un.

Q: Vous avez souvent dit que, pour vous, il n'y a de "séparation" à aucun moment. Que voulez-vous dire?

MM: Pour moi, il n'y a pas de différence entre ici et là, haut et bas. Tout est Dieu, toute activité est divine, tous les mondes et tous les Dieux sont ici.

Q: La connaissance de certains événements ou de certains êtres est-elle à votre portée?

MM: Sur ce plan ou sur les plans supérieurs?

Q: Sur ce plan.

MM: Quel genre d'information?

Q: Ce que le Président est en train de faire juste en ce moment, par exemple.

MM: Ce n'est pas si facile. Mais je peux savoir cela, s'il y a un problème grave, ou que quelqu'un a besoin d'aide. Les situations dans lesquelles mon aide peut changer quelque chose font partie de celles que je peux connaître. Mais découvrir quelque chose rien que par curiosité, non.

Q: Pouvez-vous entrer en contact avec les âmes de ceux qui sont morts depuis plusieurs années?

MM: Je peux savoir si l'âme est ou non en bonne condition, mais je ne peux dire où l'âme se réincarnera la prochaine fois.

Q: Les gens s'imaginent que l'Avatar doit tout savoir, sur tous les plans, comme une espèce de super-ordinateur.

MM: Etant la Mère, j'ai mon propre travail spécifique que je sais exactement et précisément comment accomplir. Ceci n'a rien à voir avec une autre tâche que je pourrais accomplir. Dans une telle autre tâche, il se pourrait que je ne sache pas.

Ce n'est pas mon travail de tout "savoir" comme, par exemple, où se trouve un marteau égaré.

Q: Etes-vous délibérément consciente des appels à l'aide qui vous sont adressés, ou votre pouvoir agit-il automatiquement?

MM: La grâce agit automatiquement lorsque l'aspiration est sincère. Il n'est pas toujours nécessaire que je sache. Si j'avais vingt téléphones dans cette pièce et que tous se mettent à sonner, ce ne serait guère utile. Mais je peux savoir ce que je veux, quand je le veux et quand j'en ai besoin.

Q: Lorsqu'on vous pose une question, comment la réponse vous vient-elle?

MM: Je la VOIS. Même étant enfant, c'était comme cela.

Q: Communiquez-vous avec d'autres êtres divins?

MM: Oui.

Q: Votre état de conscience est-il différent pendant le darshan de ce qu'il est à d'autres moments?

MM: Non. Pendant le darshan, les devotees se concentrent sur moi et s'ouvrent à moi plus que d'habitude, de sorte qu'ils ont le sentiment que l'énergie qui émane de moi est particulière. Mais ma conscience a toujours été la même.

Q: Le lendemain de votre grave opération, vous avez reçu vos devotees et vos disciples à votre chevet. Vous employez chaque instant à enseigner et à manifester votre amour, n'est-ce pas?

MM: C'est la façon de faire du divin. Ramana Maharshi a donné le darshan étant mourant. Anandamayima aussi. Chaque minute est utilisée.

Q: En acceptant de venir dans un corps, avez-vous éprouvé beaucoup de souffrance et de douleur?

MM: Chacun souffre – le Divin, l'humain, et même les forces du mal – mais à des niveaux différents. Tant de saints ont énormément souffert. Le Christ a été crucifié; Aurobindo avait de graves problèmes avec sa jambe; Ramakrishna avait le cancer du larynx. Pour la souffrance physique, il y a des remèdes. Pour la souffrance divine, quel remède y a-t-il?

Q: Pouvez-vous offrir votre propre souffrance et ainsi la transformer?

MM: Vous avez la possibilité de m'offrir votre douleur, tandis que moi, je ne peux offrir ma douleur à nul autre que Paramatman. La souffrance vient du Suprême; c'est de là que viennent tant la Lumière que la douleur. L'Avatar a un dharma comme tout le monde, et il doit supporter la douleur d'être un Avatar. Cela, c'est le rôle que j'ai à jouer dans la pièce. Je dois faire ce que dit le Suprême.

Q: Quelle est la douleur de l'Avatar?

MM: La vie publique apporte beaucoup de questions et de difficultés. Il est parfois pénible d'être blâmé à tort et il est parfois difficile d'être confronté à l'ignorance.

Q: En vous aimant davantage, pouvons-nous contribuer à prendre une part de votre souffrance?

MM: Vous ne pouvez pas prendre ma souffrance. Mais, grâce à l'amour de ceux qui viennent à moi, je peux l'endurer. S'il y a fidélité, amour, sincérité et dévotion, je vivrai plus longtemps. Il en va de même pour tout Avatar; l'Avatar est amour et n'est lié que par l'amour.

Q: L'ingratitude vous blesse-t-elle?

MM: Je la prends presque toujours à la légère. En de très rares occasions, elle fait mal.

Q: Vous sentez-vous blessée lorsque les gens ne prennent pas ce que vous voulez donner?

MM: Il n'y a pas de désir de donner. Que les gens reçoivent ce qu'ils sont capables de recevoir.

Q: Aviez-vous peur, étant enfant, lorsque la Lumière a commencé de pénétrer votre corps?

MM: Non, je n'ai jamais peur. Enfant, j'aimais sortir seule dans l'obscurité. Les gens disaient que c'était dangereux, qu'il y avait des scorpions partout. Mais cela ne m'a jamais effrayée.

Q: Vous incarnerez-vous à nouveau sur Terre?

MM: Je l'ignore. Cela dépend avant tout de la sanction de Paramatman et, en second lieu, du profond désir et des prières des devotees pour que je m'incarne.

Q: Que voyez-vous lorsque vous regardez dans un miroir?

MM: Ce que je vois ne présente pas d'intérêt pour moi.

Q: Douce Mère de Pondichéry disait que le fait que quelqu'un se trouve dans son entourage personnel, ne signifiait nullement qu'il ou elle avait une relation spirituelle plus profonde avec elle. En est-il de même pour vous?

MM: L'on ne peut généraliser. Cela varie en fonction de nombreux facteurs.

Q: Acceptez-vous quiconque vient à vous?

MM: J'accepte tous ceux qui viennent à moi avec sincérité. Je ne peux le ou la rejeter, même s'il ou elle crée des problèmes. C'est la manière d'être de la Mère.

Q: Certains de vos devotees se sont-ils incarnés avec vous auparavant?

MM: Non, mais ils ont eu des relations au Divin. Le pouvoir des divers maîtres est le même; ce qui attire les devotees, c'est la personnalité du maître.

Q: Avez-vous jamais le sentiment que vos devotees veulent vous posséder?

MM: Beaucoup de gens croient qu'ils peuvent me posséder, mais je m'échapperai toujours. J'ai toujours été et serai toujours libre.

Q: Les devotees ont souvent l'impression que vous les aimez plus ou moins que d'autres, ou que vous êtes fâchée avec eux ou contente d'eux. Avez-vous des sentiments de cette nature à l'égard des divers devotees?

MM: Lorsque les gens ont à travailler avec moi, ils ont plus de chance d'éprouver de tels sentiments. Ce n'est pas que j'aime l'un plus que l'autre; avec qui je travaille dépend du travail qu'il y a à faire. Mon amour est le même pour tous. Parfois, je me fâche lorsque je travaille avec quelqu'un qui insiste pour faire les choses à sa manière, alors que je sais que cela prendra trop de temps et que ce n'est pas bien. Mais cette colère, qui est rare, ne se produit que dans des situations de travail. Je ne me mets pas en colère contre un devotee qui fait quelque chose de mal à un autre, par exemple. Je le change ou la change.

Q: Quelle est la meilleure façon d'être avec vous, d'être auprès de vous?

MM: Soyez simples, heureux et sereins, et pas trop encombrés de pensées.

Q: Ressentez-vous un attachement spécial pour un pays en particulier?

MM: Partout où il y a aspiration, je suis heureuse. Mon travail n'est pas destiné à un pays ou à une race ou à un peuple seulement; il est pour le monde entier.

Q: Mère, pourquoi parlez-vous si peu, de nos jours, de vos propres expériences?

MM: Les gens ne peuvent rien faire pour mon travail jusqu'à ce qu'eux-mêmes soient réalisés. Par conséquent, toute énergie doit être investie dans ce travail de réalisation. A quoi bon parler aux gens de choses qu'ils ne pourront comprendre tant qu'ils ne seront pas réalisés? Cela pourrait les embrouiller; ou les rendre vaniteux ou orgueilleux. Ce que je veux, c'est la simplicité totale et l'abandon total, pas des mots, pas des discussions, mais des actes.

Q: Quelle est pour vous l'expérience la plus profonde?

MM: Lorsque les gens sont heureux, cela, c'est pour moi l'expérience la plus profonde.

Q: La Mère a de nombreux visages: distant, majestueux, malicieux, fâché, tendre. Lequel de ces visages est le vrai?

MM: Tous sont vrais. Mais le plus vrai est le visage de l'amour. Gardez les yeux fixés sur ce visage, quoi qu'il arrive. Tournez-vous vers cet aspect, quelles que soient les difficultés que vous éprouviez. Vénérez-le, quelle que soit la souffrance par laquelle vous passez, et il vous sera donné toute

Noir-et-blanc n° 2
En Inde à Pondichéry (1976)

joie et tout courage. L'amour parfait de la Mère, c'est de voir son visage d'amour en chaque chose qui se produit. Si vous atteignez à cet amour, vous serez capable de faire n'importe quoi. Il y a une chanson telugu, qui dit: "L'amour peut faire fondre la pierre, transformer en eau la montagne." L'amour parfait ne peut jamais connaître la défaite parce qu'il est infini.

LES AVATARS

Q: Les Avatars sont des incarnations du Divin venues sur Terre pour y aider ses créatures. Chaque Avatar est-il une incarnation d'un aspect du Divin, ou de la totalité du Divin?

MM: Dieu et l'Avatar sont, d'une certaine manière, la même chose et, d'une autre manière, différents. L'Avatar vient de Dieu et a le pouvoir et la Lumière de Dieu. Mais nous pouvons établir une différence parce que l'Avatar a un corps humain tandis que Dieu n'a à la fois pas de forme et toutes les formes. Chaque Avatar est une manifestation d'une partie du Divin, de Paramatman.

Q: Quelle est la relation qui unit les Avatars entre eux et au Divin?

MM: Chaque Avatar est comme la facette d'un diamant, et en même temps tout le diamant. Ce que nous voyons n'est qu'une facette, mais la totalité du diamant se trouve derrière cette facette et autour d'elle.

Q: Chaque Avatar reçoit-il une sphère d'influence spécifique et une tâche particulière?

MM: Oui, chaque Avatar a une tâche différente à remplir.

Q: Tous les Avatars ont-ils un pouvoir égal?

MM: Tous les Avatars et gourous ont le même objectif, qui est de conduire l'humanité vers Dieu, mais leurs façons de faire sont différentes et leurs chemins ainsi que leurs techniques diffèrent.

Q: Pourquoi les Occidentaux ont-ils du mal à croire aux Avatars?

MM: Les Occidentaux accordent une importance excessive à la perspective du monde matériel. Parce que leur vie matérielle se déroule de façon systématique, ils ont peu de temps ou d'élan pour prendre en considération la possibilité d'un Avatar. Même lorsque vient un Avatar, nombre d'Occidentaux ne sont pas disposés à consacrer le temps nécessaire pour le ou la rencontrer.

Q: Même des philosophes occidentaux sérieux ont nié que le Divin puisse s'incarner sous une forme humaine.

MM: L'Avatar n'en est pas moins une incarnation directe de Dieu.

Q: La totalité du Divin peut-elle s'incarner dans un corps?

MM: On ne peut pas dire que la totalité de Paramatman se trouve dans le corps de l'Avatar puisque le corps est une limitation, alors que Paramatman est sans limite. L'Avatar incarne une partie du Divin mais peut faire appel à n'importe lequel des pouvoirs divins dont il peut avoir besoin à n'importe quel moment et dans n'importe quel but.

Q: M. Reddy a dit qu'un gourou humain réalisé n'est qu'un ongle sur l'une des mille mains de l'Avatar. Est-ce vrai?

MM: Oui, le pouvoir qu'a l'Avatar de changer les choses est vraiment beaucoup plus grand.

Q: Comment pouvons-nous aider les autres à comprendre cela?

MM: Vous pouvez, par des explications, essayer de convaincre les gens, mais ce sera souvent difficile.

Par contre, une fois qu'ils ont vécu l'expérience, il n'est plus besoin de mots.

Q: Quelle relation y a-t-il entre un Avatar et le monde?

MM: Comme Dieu, les Avatars n'attendent rien des devotees, ni du monde. Ils poursuivent leur travail, quelle que soit la réaction du monde à leur égard. Bien que Dieu envoie des Avatars sur Terre, les humains, souvent, ne comprennent pas que cet être est un Avatar. Et, s'ils le voient, ce n'est alors peut-être que pour une fraction de seconde.

Q: Pourriez-vous dire quelle est la mission générale des Avatars pour le monde et pour les humains?

MM: De manière générale, lorsque les gens demandent quelque chose à un Avatar, ils sont aidés. Les Avatars aident les humains qui traversent des difficultés et qui souffrent, et ils détournent les gens du mauvais chemin. Ils viennent pour aider les êtres de toutes espèces: animaux, plantes, humains et créatures de chacun des cinq éléments.

La possibilité pour l'humanité d'évoluer et de changer existe en permanence, qu'un Avatar vienne ou pas. Les gens, tout naturellement, croient en une réalité plus grande. Toutefois, lorsqu'un Avatar vient, les gens ressentent davantage cette possibilité et leur aspiration est plus forte.

Q: Si nous pouvions vous voir dans une vision cosmique comme Arjuna a vu Krishna, verrions-nous autour de vous la Mère Divine tout entière dans sa gloire?

MM: Chaque individu aura une façon unique de voir l'Avatar.

Q: Vous avez dit qu'il y a et des Mères et des Pères. Quel genre de force les Pères apportent-ils sur Terre, et en quoi cette force diffère-t-elle de celle des Mères?

MM: Les Avatars ont tous la même origine, et la Lumière qu'ils apportent ici-bas est la même. Toutefois, les objectifs de chaque Incarnation sont différents. Mais le masculin tout autant que le féminin peut travailler pour la paix, la transformation, ou l'harmonie, par exemple.

Q: Les Avatars savent-ils dès le début qu'ils sont divins ou ne le réalisent-ils que lentement? Par exemple, n'est-ce pas seulement plus tard dans la vie que Jésus a compris sa mission divine?

MM: Jésus savait depuis le début qu'il était le fils de Dieu. C'est plutôt afin de démontrer au monde qui il est ou qui elle est que des changements interviennent dans la vie d'un Avatar.

Q: Qu'est-ce que Jésus et Krishna ont apporté de spécifique sur cette Terre?

MM: Jésus symbolisait le sacrifice. Krishna a apporté l'amour et la paix, et il a détruit certains des asuras de l'époque.

Q: La Vierge Marie est-elle un Avatar?

MM: Cela ne fait aucun doute.

Q: Quels aspects de la Mère Divine exprime-t-elle particulièrement?

MM: Elle exprime la compassion.

Q: Il y a un grand regain d'intérêt pour la Vierge dans l'Eglise Catholique. Pourriez-vous nous parler du sens de son travail?

MM: Marie a la qualité de la Maternité; elle apparaît pour protéger ses enfants.

Q: Est-ce vraiment la Vierge qui apparaît à Medjugorje, en Yougoslavie?

MM: Oui, c'est elle qui apparaît à Medjugorje.

Q: La Vierge ou Jésus s'incarneront-ils à nouveau?

MM: C'est parce que les gens ont du mal à croire qu'une forme corporelle puisse réellement être Jésus ou Marie que ceux-ci viennent sous forme d'apparitions comme à Medjugorje.

Q: Comment est-il possible que les Avatars tombent malades? Ils n'ont sûrement pas de karma personnel!

MM: Si, les Avatars ont bien un karma particulier. Comme ils sont dans le monde, ils ont des corps faits de la même matière que les autres. Les corps sont soumis aux lois de la nature, avec leur inévitable souffrance. Parfois, les Avatars prennent soin de certains devotees et pas d'eux-mêmes; parfois les Avatars prennent sur eux le karma de certains devotees. Mais la douleur que connaissent les Avatars n'est pas ressentie aussi profondément, elle n'est pas vécue comme une souffrance.

Q: Etre un Avatar, c'est un travail, n'est-ce pas?

MM: Oui, c'est un certain type de vie divine. Je fais ce que Paramatman me dit de faire. S'il me dit de descendre, je descends.

Q: Peut-on dire d'un Avatar qu'il est réalisé?

MM: Le mot réalisation ne peut s'appliquer à quelqu'un venu directement du Divin, mais seulement à ceux qui ont quelque chose à atteindre, c'est-à-dire aux être humains.

Q: En quoi le travail d'un Avatar diffère-t-il de celui d'un gourou qui s'est réalisé lui-même?

MM: Les Avatars viennent du Divin, tandis que les personnes qui se sont réalisées vont vers le Divin. A la différence des gourous, qui ont débuté dans l'ignorance, les Avatars font constamment un avec le Divin et ne perdent jamais la conscience du Divin. Pour devenir réalisés, les gens – par la pratique spirituelle, la méditation, et le japa – travaillent dur et ils récoltent ensuite les fruits. Comme ils ont travaillé dur, ils s'attendent à ce que les autres travaillent comme ils l'ont fait; ils n'ont donc pas autant de patience que n'en ont les personnalités divines. De plus, les Avatars peuvent changer les choses plus rapidement.

MAÎTRES ET GOUROUS

Q: Devrions-nous suivre des gourous?

MM: Cela dépend du gourou. Dans des circonstances exceptionnelles, un gourou peut être nécessaire, et même vital, pour le développement spirituel. De manière générale, l'idéal c'est de prier le Suprême directement, ou de l'approcher à travers l'une de ses incarnations divines. C'est plus efficace. Si un gourou humain vous prodigue un enseignement qui, dans votre cœur, vous rapproche de Dieu, écoutez-le, soyez reconnaissants et suivez-le. Mais soyez certains de connaître les limitations de tous les gourous humains. Ils ne peuvent que vous montrer la voie; ils ne peuvent vous y mener. Si vous voulez voir le Divin, pourquoi ne le lui demandez-vous pas directement?

Q: Un Avatar peut donner la lumière. Un gourou ne peut-il le faire également?

MM: Oui, un gourou peut également donner la lumière, mais c'est un autre type de lumière.

Q: Pourquoi certains Avatars, comme Saï Baba, par exemple, font-ils des "miracles"?

MM: Pour attirer l'esprit et le mener vers Dieu.

Q: Comment pouvons-nous savoir si un gourou est authentique?

MM: Si, en sa présence, nous ressentons paix et bien-être, c'est un signe que le gourou peut nous aider. Mais si nous allons vers un gourou et ne ressentons rien, cela ne veut pas dire que le gourou n'a rien à donner, mais seulement que nous n'avons pas besoin, à ce moment, de ce qu'il ou elle peut offrir. La relation entre gourou et devotee dépend de ce que le gourou peut apporter à un devotee déterminé, au stade de développement qu'il ou elle a atteint à ce moment. A un certain stade du développement, la relation avec le gourou prend fin et le devotee s'en va vers un autre gourou. Un gourou possède tout ce qu'il faut pour enseigner; il peut être simultanément un instituteur de jardin d'enfant pour tel élève et un professeur d'université pour tel autre.

Q: Dans les temps anciens, il était souvent très difficile de voir un Maître. Pourquoi est-ce plus facile à présent?

MM: C'est toujours difficile. Les gens peuvent venir à moi, mais reconnaître qu'un Avatar est un Avatar, cela demande des années de véritable aspiration et de tapasya.

Q: Chacun a un chemin différent jusqu'à vous, n'est-ce pas?

MM: Oui. Chaque enfant aime la Mère avec son propre tempérament, sa propre nature. Et la Mère aime chaque enfant selon sa nature propre.

Noir-et-blanc n° 3
En Inde à Madanapalle (1993)

Adilakshmi: Certains ont vu la Mère sous la forme de Bouddha, d'autres comme Krishna, d'autres encore comme la Vierge Marie. Certains ont eu des visions d'elle en termes hindous, ou bouddhistes ou chrétiens. Elle enseigne à l'âme de la manière qui lui est la plus familière.

L'OUVERTURE À LA LUMIÈRE

Q: Lorsque les gens ont besoin d'aide, vous dites simplement oui. Comment les aidez-vous?

MM: Il y a différentes lumières, qui ont des fonctions différentes. J'envoie celle dont les gens ont besoin.

Q: Quelles sont les différentes lumières et quelles sont les caractéristiques de chacune?

MM: Les lumières dorée et blanche sont les lumières de Paramatman, ce sont les principales lumières. Les autres lumières appartiennent aux Avatars, dieux et déesses. La lumière de Durga est rouge et se caractérise par la puissance. La lumière bleue, c'est Krishna, et c'est la lumière de la connaissance et de l'amour. La lumière violette est celle de la santé physique. Le vert est la couleur de la force de vie dans le monde matériel. L'orange est la couleur du sacrifice, la couleur des sannyasins.

Q: Comment un devotee peut-il être le plus réceptif à votre Lumière?

MM: Lorsque les gens ont l'esprit silencieux, ils reçoivent davantage. Quand ils sont agités, ils ne peuvent sentir ce que je donne. Je donne ce que je peux et, de toute manière, ce dont la personne a besoin. Mais si la personne est tranquille, elle peut devenir consciente du processus.

Q: J'ai retiré de ma lecture de La Mère *l'impression qu'il y a un moment précis où l'on reçoit telle Lumière ou telle autre – la Lumière du Supramental ou celle de Paramatman. Ne les recevons-nous pas en permanence à un certain degré?*

MM: Les humains ne reçoivent pas la Lumière de façon continue, mais seulement à certains moments particuliers, comme pendant le darshan. Pendant le pranam et le darshan, l'action de la Lumière consiste à créer un équilibre entre la vie dans le monde et la vie spirituelle. En dehors du darshan, il y a de rares moments de réception de la Lumière qui apportent au devotee une croissance spirituelle rapide.

Q: Comment recevons-nous la Lumière et que ressentons-nous en la recevant?

MM: Les gens la reçoivent de bien des manières. Certains la reçoivent par la tête, d'autres par les doigts – qu'importent les détails? Ce qui compte, c'est l'effet: une légèreté, un bonheur et une paix incontestables et extraordinaires. La Lumière Supramentale peut brûler légèrement lorsqu'on la reçoit: la Lumière Suprême ne fait pas mal. Vous pouvez recevoir la Lumière n'importe où et à n'importe quel moment. Sachant cela, ouvrez-vous à elle sans tarder. Il n'y a pas de temps à perdre.

Q: A quel stade de la pratique spirituelle percevons-nous la Lumière de Paramatman de manière directe?

MM: Je ne peux pas dire à quel niveau vous serez lorsque vous la verrez. Cela dépend de l'intensité de votre aspiration à la voir, de même que de la maturité de votre pratique. C'est le but des êtres humains que de voir la Lumière de Paramatman, d'abord de la voir et ensuite de se fondre en elle.

Q: Qu'est-ce qui nous empêche de percevoir la Lumière?

MM: Vous avez vos obligations et ne pouvez vous concentrer exclusivement sur la Lumière de

Paramatman. Le moment venu, rien ne pourra vous empêcher de la voir.

Q: Pourriez-vous décrire l'expérience de l'ouverture à la Lumière?

MM: La Lumière apporte toujours le bonheur. La Lumière peut entrer par n'importe quelle partie du corps et peut être ressentie de bien des manières. On ne peut pas généraliser – les gens peuvent ressentir une douleur au début ou peuvent ne rien sentir du tout physiquement.

Les conséquences de la pénétration de la Lumière sont nombreuses. Vous ressentez du bonheur, même si vous souffriez auparavant. Lorsque vous travaillez, vous le faites sans tension ni attachement. Bien que vous n'ayez pas l'impression de faire quelque chose, les résultats du travail seront bons. Vous éprouvez moins d'enthousiasme pour le travail, mais vous accomplissez davantage parce que le travail se fait aisément.

Q: Parfois la Lumière vient avec une telle intensité que j'ai le sentiment que je n'y survivrai pas.

MM: La Lumière travaille toujours dans les limites de chacun.

Q: Est-ce votre Lumière elle-même qui apporte la compréhension?

MM: Ceux qui viennent à moi pour le darshan reçoivent ce dont ils ont besoin – la connaissance ne vient pas nécessairement avec la Lumière. Lorsque notre dévotion, notre acceptation et notre humilité deviendront de plus en plus profondes, la connaissance viendra de Paramatman et rendra les choses de plus en plus claires.

Q: Quelle est la relation de la paix et de la félicité avec la Lumière?

MM: Elles viennent de la Lumière. Vous en ferez l'expérience selon votre personnalité, votre karma passé, votre état de conscience, et le chemin qui est le vôtre – bhakti, karma, jnana etc..

Q: Comment puis-je m'ouvrir à ces aspects de la Lumière – paix et félicité – que je ne ressens pas actuellement?

MM: Méditez. Faites le japa sur l'un des noms du Divin – c'est quelque chose que vous pouvez faire n'importe où.

Q: Notre karma diminue-t-il à mesure que nous comprenons davantage, ?

MM: Oui. Plus vous pénétrez dans la Lumière, plus votre karma diminue et, lorsque vous vous réalisez, il disparaît.

ASPECTS DU CHEMIN

Q: Tout, dans ce yoga, est-il réellement fait par le Divin?

MM: Oui. Tout vient du haut vers le bas.

Q: Pourquoi enseignez-vous dans le silence?

MM: Les gens veulent des conférences; je leur donne le silence. Pour que l'esprit fleurisse, il faut qu'il aille au-delà de ce qu'il connaît.

Q: Le rythme de votre silence est-il aussi le rythme de la force de la nature elle-même?

MM: C'est le même. Il n'y a qu'un seul véritable rythme; dans le silence, vous pouvez l'entendre. Lorsque vous vivez au rythme de ce silence, vous devenez ce rythme, lentement; tout ce que vous faites, vous le faites à ce rythme.

Q: Quelle est la relation de votre silence avec mon développement – ou celui de n'importe quel devotee?

MM: Je ne parle pas, mais ma force change complètement les gens. Le pouvoir du Divin travaille dans le silence et changera les choses en fonction de votre but et de ce que vous demandez. Parfois, je peux donner immédiatement ce que vous avez demandé. Parfois, cela prend du temps. Certains demandent la moindre petite chose, et d'autres demandent, et demandent, encore et encore – cela dépend de l'individu. Ceci dit, que vous demandiez ou non est sans importance, je donne ce qui est nécessaire.

Q: Il semble que, lorsque nous nous abandonnons à vous, nous entrions dans un grand champ de force, dans lequel notre réalité est transformée rapidement et de façon spectaculaire, pour nous montrer ce que nous avons besoin de comprendre. Voulez-vous dire quelque chose à ce sujet?

MM: Lorsque vous entrez en ma présence ou en contact avec moi, votre développement s'accélère et votre karma diminue. Du fait de mon pouvoir, vous pouvez apprendre davantage en une vie et vous pouvez voir plus clair, et plus calmement, de sorte qu'il vous devient plus facile de comprendre. Je donne la Lumière pour vous montrer ce que vous avez besoin de savoir. A mesure que vous grandirez, vous verrez plus clairement vos points faibles. Ceci est dû à la grâce du Divin.

Q: Quelle est la meilleure façon de suivre votre enseignement intérieur?

MM: Soyez comme un enfant – clair, aimant, spontané, infiniment souple et prêt, à chaque instant, à vous émerveiller et à accepter le miracle.

Q: La douleur qui vient dans cette voie est très précise, n'est-ce pas?

MM: Oui. Elle ne dure que le temps nécessaire. Ma voie est celle de la joie: toute douleur qui vous vient a pour objet de vous faire comprendre plus profondément la nature de la joie et de vous mener vers la joie.

Q: Parfois je vous vois en train de consumer mon âme.

MM: Non. Votre âme est toujours auprès de moi. Je brûle l'enveloppe qui entoure votre âme. La Lumière la brûle afin de libérer votre âme. Vous devez désirer que le feu demeure et qu'il fasse son œuvre. C'est ce désir qui rend le bois sec; s'il n'est pas sec, il lui faudra davantage de temps pour s'enflammer.

Q: Comment puis-je réaliser "Qui suis-je?"

MM: Renoncez à ce "Je" et vous le saurez.

Q: Quelle est la discipline quotidienne qui nous aide à réaliser le Divin?

MM: Souvenez-vous du Divin dans tout ce que vous faites. Si vous en avez le temps, méditez. Offrez tout au Divin – toute chose bonne ou mauvaise, pure ou impure. C'est la meilleure manière et la plus rapide.

Q: Votre méthode est-elle si simple parce que votre pouvoir en tant qu'Avatar est si grand?

MM: Oui. Beaucoup de gens trouvent qu'une méthode compliquée est difficile à suivre.

Q: Notre développement est-il beaucoup plus rapide lorsque nous sommes attachés à un Avatar comme vous?

MM: Cela dépend du niveau de dévotion, mais avec un Avatar tout est possible.

Q: Ce yoga requiert-il un retrait du monde?

MM: Pas du tout. Ce qui est demandé, c'est une synthèse et un équilibre des vies extérieure et intérieure.

Q: Qu'est-ce que la spiritualité?

MM: Avoir de la spiritualité, c'est aimer le Divin, y aspirer, s'en souvenir, s'y abandonner. Avoir de la spiritualité ne signifie pas que l'on ne doit pas avoir une vie remplie dans le monde. Il n'est pas nécessaire de quitter le monde, mais le Divin doit avoir la priorité.

Q: Comment peut-on accomplir l'œuvre de Dieu?

MM: Dans le silence, vous vous donnez à Lui et Il travaille à travers vous. Dieu travaille à travers vous en permanence – ce qui importe, c'est de devenir conscient et de coopérer. Ceci se fait en s'abandonnant à Lui – par l'amour et le désir de servir avec tout votre être, qui naît de l'amour véritable, et la connaissance de la gloire de Dieu qu'apporte l'amour de Dieu. Cela peut prendre du temps que d'apprendre à se donner, ou cela peut se faire en un rien de temps. Cela dépend de la maturité de l'âme.

Q: Pouvez-vous décrire un devotee "mûr"?

MM: Quand les gens sont ouverts et pleins de l'expérience du monde ainsi que de l'expérience spirituelle, ils sont mûrs pour la réalisation et la fusion dans le Divin.

N° 21
En Allemagne à Thalheim (1994)

Q: Les devotees qui vivent dans l'entourage d'un grand Maître croient souvent qu'ils sont les élus.

MM: Chacun ici se croit spécial. Mais, pour être spécial, on doit savoir que l'on n'est rien.

Q: Pourriez-vous décrire la qualité de confiance à l'égard du Divin qui est nécessaire dans ce yoga?

MM: Soyez simple. Soyez comme un enfant. L'enfant ne sait pas où va la mère mais il aime la mère et se laisse porter par elle, sachant que la mère ne lui fera jamais de mal.

Q: Certains devotees disent: "Nous ne faisons rien; la Mère fait tout pour nous." Est-ce la plus haute sagesse ou simplement de la paresse?

MM: Ce n'est pas la bonne manière. C'est une façon d'échapper à ce que nous avons à faire.

Q: Dans votre livre La Mère *vous avez dit: "Dépêchez-vous, dépêchez-vous. Eveillez-vous! Soyez conscients; avancez et aidez le monde! La terre attend la Lumière." Comment pouvons-nous nous dépêcher?*

MM: Soyez moins concentrés sur la vie du monde. Tournez votre esprit intégralement vers Dieu. Continuez à vaquer à vos devoirs, mais consacrez-vous entièrement à Dieu.

Q: Comment pouvons-nous savoir si nous atteindrons le Divin?

MM: Chaque personne sait combien de temps elle consacre au Divin et à quel point elle s'abandonne.

Q: Puis-je atteindre le Divin à travers l'art ou le travail?

MM: N'allez pas vers le Divin à travers quoi que ce soit – allez-y directement. Réalisez-vous et veillez à ce que tout ce que vous faites soit empli de Lumière. Ne vivez pas uniquement pour votre travail; vivez pour Lui et faites votre travail en Lui et pour Lui. Si vous vous abandonnez vraiment à Lui, ce ne sera plus vous qui ferez le travail, mais Dieu qui le fera à travers vous. Vous deviendrez un canal pour son pouvoir, sa volonté et sa Lumière. Ceci prend du temps et une grande pureté de cœur et de motivation.

Q: Pourriez-vous décrire la condition intérieure de quelqu'un qui est spirituellement ouvert?

MM: Etre ouvert, c'est recevoir comme un enfant – simplement, sans constructions, sans pensées.

Les gens ouverts ne sont pas rigides, ils acceptent tout et ont des vues larges. Les gens spirituellement ouverts aident automatiquement les autres, quels qu'ils soient.

Les gens ouverts peuvent vivre de diverses manières. L'un peut être comblé d'avoir une famille et de rendre ses membres heureux; un autre, ou une autre, peut quitter sa famille et être un sannyasin; un autre encore peut demeurer dans sa famille mais se sentir détaché et, de cette manière, aussi aider les autres.

Q: Y a-t-il des conditions physiques – comme une lésion à la colonne vertébrale – qui peuvent bloquer l'ouverture spirituelle?

MM: Aucune malformation physique ne peut bloquer un développement spirituel.

Q: Que pouvons-nous faire pour nous ouvrir davantage à la Mère?

MM: Vous devez prier de tout votre cœur, faire le japa à des personnalités divines ou un gourou, et être sincères.

Q: Quelle est l'importance de la relaxation pour l'ouverture spirituelle?

MM: Etre calme et serein est la chose la plus importante pour s'ouvrir. Lorsque vous êtes agité, vous ne pouvez vous ouvrir au Divin.

Q: Quelle est l'importance de la discipline dans la vie spirituelle?

MM: Avoir de la discipline contribue au développement de la vie dans son intégralité – la vie dans le monde, la vie psychologique et la vie mentale. Il est plus facile de vivre dans le monde si nous avons une certaine discipline.

Q: Quelle est l'importance de la patience dans votre travail?

MM: La patience est essentielle. Si vous êtes jardinier, vous savez qu'une fois que vous avez repiqué une plante, vous devez respecter les lois de la nature et attendre.

Q: Croire n'est pas suffisant. Ne devons-nous pas aussi SAVOIR?

MM: Croire, ce n'est que le commencement. Pour être fort, vous devez voir. Alors, vous pouvez tout supporter et tout faire. Alors, le Travail peut se faire simplement. Ce qu'il faut, c'est avoir à tout moment conscience de l'Unité. De là découlent l'amour, la vérité et la force divine.

Q: En quoi la morale est-elle liée au développement spirituel?

MM: Si vous détestez quelqu'un, vous ne pouvez grandir, de sorte que vous devez changer votre haine en amour. Si vous avez des sentiments négatifs, vous n'aimez pas, et sans amour, vous ne pouvez pas vous ouvrir au Divin.

Q: La curiosité est-elle une bonne raison de venir vous voir?

MM: Absolument pas. Je veux que les gens viennent parce que leur cœur leur dit de venir, pas parce qu'ils sont curieux. C'est d'un travail sérieux qu'il s'agit.

Q: Pourquoi n'avez-vous pas de règles pour vos devotees?

MM: A quoi sert d'imposer quoi que ce soit aux gens? Souvent, ils ne sont pas d'accord et se rebellent. Les gens doivent être forts en eux-mêmes. Je ne dis rien, mais ma Lumière change les gens intérieurement et les aide à découvrir ce qu'ils veulent réellement et ce dont ils ont vraiment besoin. L'important, c'est de prier et de recevoir la Lumière. C'est cela, en soi, qui vous changera.

Lorsque le cœur s'ouvre à Dieu, les règles suivent. Chacun a ses propres règles adaptées à son propre stade de développement. Ce qui est nécessaire, c'est de me suivre intérieurement. Alors, vous saurez quoi faire et comment agir à chaque instant.

Q: Attendez-vous de vos devotees une certaine manière d'être?

MM: Je veux que vous soyez complètement vous-mêmes. Chacun est unique à mes yeux. Chacun grandit d'une manière différente, a des besoins différents. Je respecte chacun tel qu'il ou elle est. C'est lorsque que vous savez que vous êtes éternel que vous pouvez jouer votre propre rôle dans le temps. C'est lorsque vous savez que vous êtes divin que vous pouvez devenir complètement humain. C'est lorsque vous savez que vous êtes un avec Dieu que vous êtes libre de devenir absolument vous-même, individuel, sanctifié, et mon enfant.

LE RYTHME DU CHEMIN

Q: Quels sont les stades du chemin?

MM: Il est préférable de ne pas le dire – les gens pourraient penser à tort qu'ils sont arrivés à un stade ou l'autre et pourraient ainsi se leurrer. A mesure que les gens grandissent, ils sauront où ils sont arrivés dans leur développement. Leur propre expérience leur dira quel stade ils ont atteint et la distance qu'ils doivent encore parcourir.

Q: Y a-t-il de la souffrance à chaque étape du chemin?

MM: D'une certaine manière, oui. Mais la joie devient plus grande que la douleur. Et la douleur devient joie parce qu'elle est offerte et comprise.

Q: Il semble qu'une étape supplémentaire de ce yoga s'ouvre à l'instant même où l'on croit être arrivé.

MM: Vous ne devez vous arrêter nulle part.

Q: Le développement, quand on suit votre voie, semble être presque musical – avec des thèmes qui reviennent.

MM: A la fin, vous et la réalité serez un, une musique, toujours changeante et toujours la même. Vous vous jouerez vous-même. Et je serai toujours là pour vous accorder.

Q: Il n'y a pas de fin à la véritable connaissance, n'est-ce pas, parce qu'il n'y a pas de fin au voyage en Dieu?

MM: Oui, c'est vrai, il n'y a pas de fin. L'erreur courante consiste à croire qu'une réalité est LA réalité. Vous devez toujours être prêt à quitter une réalité pour une autre, plus grande.

LES CHEMINS TRADITIONNELS ET LA VOIE DE LA MÈRE

Q: Tous les Dieux, tous les chemins, toutes les révélations sont dans la Mère. Cela signifie-t-il que n'importe qui au monde, quels que soient ses antécédents, peut recevoir votre enseignement et être éveillé au Divin dans la cadre de sa propre religion ou de son absence de religion?

MM: Oui. Ma Lumière est partout.

Q: Qu'est-ce qui est vrai, le sens hindou de Dieu en tant que présence éternelle ou la conscience bouddhique de la réalité en tant que vide?

MM: Tous deux sont vrais – Dieu est tout et rien.

Q: Je crois en Jésus. Dois-je cesser de croire en lui pour croire en vous?

MM: Quel que soit celui en qui vous croyez, croyez de tout votre cœur. Toutes les incarnations divines sont égales. Soyez sincère, ouvert, et mon aide vous sera toujours donnée.

Q: Le Bouddha a enseigné que c'est la doctrine elle-même qui libère et qu'un gourou peut seulement indiquer la voie. Pouvez-vous, comme Avatar, donner l'expérience directe de Dieu?

MM: Oui.

Q: Comment le jnani ou le bhakta devraient-ils approcher votre chemin?

MM: Le jnani et le bhakta approchent le Divin de la manière qui leur est propre; s'ils viennent à moi, je les aiderai et ils peuvent poursuivre leur propre chemin. Comme Avatar, je n'ai pas de méthode particulière, mais je viens pour donner la grâce et la force à tous, quelle que soit leur voie. Je n'ai de méthode que dans la mesure où je donne le darshan mais, quelle que soit leur voie, tous peuvent recevoir mon aide, qu'ils viennent ou non au darshan.

Q: Dans la tradition hindoue, les animaux ne sont pas admis dans la salle du puja. Quel est votre opinion sur ce point?

MM: Pour le Divin, il n'y a pas de caste. Par conséquent, les animaux peuvent entrer dans la salle du puja. Parfois les animaux s'ouvrent beaucoup mieux que les humains. Ils peuvent se concentrer de manière plus complète parce qu'ils n'ont pas d'esprit conceptuel.

Q: Est-il préférable d'explorer plusieurs chemins et puis d'en choisir un? Que faut-il rechercher en choisissant le chemin qui nous conviendrait le mieux?

MM: Chaque personne a son propre chemin. Choisissez celui qui est simple, facile et qui vient spontanément. Le choix est influencé par notre passé et par des pratiques familières.

LE DARSHAN

Q: Pourquoi le darshan se passe-t-il aussi simplement, sans chants, par exemple?

MM: Les gens sont trop actifs et restent rarement assis dans le calme. Dans le silence, on peut recevoir davantage parce que toutes les activités en viennent à se concentrer. Mon enseignement a pour objet de ne donner que l'essence, le Divin, ce qui est nécessaire. Je donne exactement ce dont chaque personne a besoin.

Paramatman est silencieux. Dieu est silencieux. Tout provient du silence. On peut accomplir plus de travail dans le silence. La véritable expérience de la félicité est sans paroles.

Q: Lorsque nous recevons votre darshan, nous faisons le pranam (nous nous inclinons) devant vous et vous prenez notre tête entre vos mains: que faites-vous alors?

MM: A l'arrière du corps humain, il y a une ligne blanche qui monte des orteils à la tête. En fait, deux lignes partent des orteils, montent le long des jambes et se rejoignent à la base de la colonne vertébrale, où elles deviennent une seule ligne qui atteint le sommet de la tête. Cette ligne est plus fine qu'un cheveu et elle présente, ici et là, des nœuds que les personnes divines aident à dénouer. C'est un travail très délicat et il faut défaire les nœuds avec beaucoup de précautions parce que votre vie serait en danger si le fil se rompait. Pendant que je tiens votre tête, je dénoue ces nœuds. J'enlève également certains autres types d'obstacles à votre sadhana, votre pratique.

Lorsque je touche votre tête, la Lumière monte dans la ligne blanche. Elle indique, comme un compteur, le développement de votre sadhana. Lorsqu'il n'y a pas de progrès, la Lumière descend le long de la ligne, indiquant à quel point votre sadhana s'est détériorée. Lorsque la Lumière est continue des orteils jusqu'au sommet de la tête, il se peut que la personne ait de nombreuses expériences et visions, bien que certaines personnes aient des visions et des expériences sans cette ligne blanche. Lorsque la ligne atteint le sommet de la tête, les gens ont le darshan de Paramatman. Lorsque la ligne dépasse la tête, alors il y a une relation constante avec Paramatman.

Si votre aspiration faiblit, la ligne, comme je l'ai expliqué, descend. Un jour vous pourriez même tomber hors de votre sadhana. C'est une grande crise qui peut cependant être évitée. A l'avant du corps, il y a deux lignes rouges qui partent des orteils, croissent graduellement vers le haut de chaque côté des jambes et qui tendent à se rejoindre à la base de la colonne vertébrale, là où les lignes blanches deviennent une seule ligne. Si les lignes rouges atteignent la ligne blanche, vous arrivez au détachement absolu. Ceci arrive rarement et uniquement à ceux qui ont la Shakti Divine.

Par la croissance des lignes blanches et rouges, la sadhana s'établira de façon permanente sans possibilité de chute. Si les lignes rouges se développent pleinement, vous atteindrez des sommets élevés. Les lignes blanches aideront également à fortifier les expériences de ceux qui ont une ouverture psychique. Même lorsqu'il y a une ouverture psychique, il subsiste une possibilité que celle-ci se referme. L'ouverture du psychique est

N° 14
En Allemagne à Thalheim (1984)

valable pour la sadhana, mais elle n'est pas suffisante. La formation des lignes blanches et rouges vous aidera à garder le psychique ouvert en permanence. Si le psychique peut être comparé à une fleur, les lignes sont la plante elle-même.

Q: Lorsque nous avons fait le pranam, nous vous regardons dans les yeux en silence. Que faites-vous alors?

MM: Je regarde dans chaque recoin de votre être. J'examine tout en vous afin de voir où mon aide est nécessaire, où je peux donner la guérison et la force. En même temps, je donne la Lumière à chaque partie de votre être, j'ouvre chaque partie de vous à la Lumière. Lorsque vous serez ouvert, vous sentirez cela et le verrez clairement.

Q: Que voyez-vous lorsque vous regardez les gens dans les yeux pendant le darshan?

MM: Je vois les difficultés qu'ils rencontrent dans leur vie et les obstacles à leur sadhana.

Q: En quoi le travail que vous faites pendant le pranam diffère-t-il de celui que vous faites pendant le darshan? Ce travail opère-t-il sur une partie différente de l'être?

MM: Chaque travail opère d'une manière différente. Pendant le pranam, le travail touche à l'aspect profond de l'être, l'âme, tandis que le darshan aide la personnalité et la situation de vie.

Q: Pendant le darshan, utilisez-vous toujours la Lumière pour accomplir votre tâche, ou travaillez-vous aussi d'une autre manière?

MM: C'est par la Lumière seule que vient mon aide.

Q: Quelles sont les parties de l'être humain qui reçoivent votre Lumière?

MM: Je donne de la Lumière aux corps mental, vital et physique.

Q: J'ai l'impression que, lorsqu'il y a plus de monde au darshan, il y a aussi plus de Lumière et de force. Pourquoi?

MM: Certaines personnes ressentent davantage de Lumière quand il y a moins de monde, et d'autres ressentent l'inverse. Cela dépend exclusivement de leur mentalité. Mais la Lumière est la même, toujours.

Q: Vous avez parlé de travailler avec les lignes blanches et rouges qui se développent dans le corps. Celles-ci sont-elles les mêmes que sushumna, ida et pingala, ou y sont-elles liées, comme au développement de la kundalini?

MM: Elles sont différentes. Dans le système de la kundalini, on développe les chakras un à la fois. Par contre, ces lignes aident la totalité de l'être. Quand j'y défais les nœuds, cela apporte une aide au développement de l'être entier, pas seulement à certaines parties. Seules les personnalités divines peuvent voir ces lignes – pas les êtres humains. Les lignes ne sont pas liées à la personnalité humaine; elles révèlent l'évolution de l'âme elle-même.

Q: Est-il nécessaire d'éveiller la kundalini?

MM: Lorsque la Lumière descend dans le corps, ce n'est pas nécessaire.

Q: S'il vous plaît, décrivez ces nœuds.

MM: Le doute serait un exemple de nœud. Dans ce cas, j'aiderais à clarifier le doute et je donnerais la foi.

Q: Si j'ai bien compris, vous ne défaites pas les nœuds d'un seul coup, mais vous le faites assez lentement. Un devotee ressent-il l'effet des nœuds que l'on dénoue, ou ne perçoit-il ou elle les résultats que lorsque les nœuds sont complètement dénoués?

MM: Le devotee peut ressentir certains effets lorsque les nœuds sont desserrés. Les nœuds sont défaits lentement parce qu'il serait dangereux de le faire rapidement.

Q: Est-il important de recevoir de nombreux darshans pour aider à défaire les nœuds?

MM: Cela ne dépend pas du nombre de darshans. Cela dépend de votre sincérité, de votre aspiration et de votre amour.

Q: Le processus est-il accéléré du fait du darshan?

MM: Oui, l'aspiration, et le darshan en plus, peuvent être utiles.

Q: Est-ce qu'il peut y avoir de bons ou de mauvais darshans?

MM: Il n'y a pas de mauvais darshan. C'est mal, néfaste et dangereux de penser de la sorte. Le Darshan est totalement impersonnel en ce qui me concerne; je donne ce qui est nécessaire. Les réactions sont en fonction des gens qui prennent, et non de la Mère qui donne. Essayez de ne pas m'imposer vos difficultés et de ne pas projeter sur moi vos propres problèmes cachés. Ayez le courage de faire face à vos propres faiblesses et sachez que je vous apporte continuellement mon aide.

Q: De quelle manière puis-je être le plus ouvert possible pendant le darshan?

MM: Avec un esprit silencieux et une bonne concentration, priez le Divin pour qu'il vous ouvre. Si vous parvenez à faire cela, vous sentirez les effets de ce que je vous donne. Vous ne recevrez pas plus, mais vous le ressentirez davantage.

Q: Quand arrive mon tour pour le pranam et le darshan, je ressens des palpitations et des émotions erratiques. Que puis-je faire?

MM: Offrez tout cela au Divin. Soyez patient – ces émotions disparaîtront.

Q: Lorsque nous ressentons la force pendant le darshan, que pouvons-nous faire pour y pénétrer plus avant?

MM: La force viendra et s'en ira d'elle-même. Vous pouvez prier pour qu'elle revienne et demeure avec vous.

Q: Comment puis-je m'ouvrir aussi vite que possible à votre énergie?

MM: Les gens ne s'ouvrent pas "aussi vite que possible". Vous devez essayer, et je vous aiderai. Soyez patient.

Q: Comment pouvons-nous nous préparer à recevoir le darshan?

MM: Il n'y a rien de particulier à faire. Pendant le darshan, on essaie de rester assis en silence, sans pensées. Pour faire cela, il faut être serein.

Q: Vous parlez d'être assis en silence pendant le darshan, sans pensées. Mais souvent je prie. Est-ce bien?

MM: Le silence, cela veut dire être assis, physiquement calme, prier Dieu pour le Divin et faire le japa. Le silence, c'est avoir l'esprit calme. Il vaut mieux rester assis en silence que de partir immédiatement après le darshan.

Q: Y a-t-il quelque chose de particulier que nous devrions essayer de faire après le darshan? Y a-t-il un moyen de prolonger la bénédiction reçue pendant le darshan?

MM: Soyez calme. Il est préférable de ne pas se précipiter dans une autre activité.

Q: Où avez-vous appris les gestes du darshan?

MM: Ils sont venus.

Q: Quelqu'un a-t-il jamais travaillé de la même manière que vous?

MM: Chacun et chacune a sa propre façon de faire les choses. L'on ne peut comparer.

Q: Ressentez-vous de l'inconfort pendant le darshan?

MM: Non, c'est la joie suprême.

Q: Ressentez-vous notre douleur, notre joie et notre souffrance pendant le darshan?

MM: Oui.

Q: Comment puis-je vous remercier pour ce que vous me donnez?

MM: Vous recevez. C'est un remerciement. C'est une grande chose.

LE DARSHAN À DISTANCE

Q: A quel point est-il important de venir à Thalheim pour recevoir votre darshan?

MM: Il n'est pas nécessaire de venir me voir; je peux aider n'importe où. Les gens peuvent venir, mais si ce n'est pas possible, il n'est pas nécessaire qu'ils s'inquiètent. Le contact physique est une façon de donner la Lumière, mais ce n'est pas si important pour moi. Toutefois, lorsque les gens viennent ici, ils sentent la présence de manière plus concrète. Avec ou sans contact, nous pouvons recevoir la Lumière.

Q: Certaines personnes qui habitent loin ne sont pas en mesure de venir pour le pranam et le darshan. Votre travail sur eux peut-il se faire à distance?

MM: Oui, s'ils sont sincères.

Q: Est-ce que même le physique peut être transformé à distance, sans le contact physique?

MM: Oui, c'est possible.

Q: Lorsque les devotees sont loin de vous, êtes-vous en mesure de voir l'état de leurs lignes rouges et blanches, et continuez-vous à desserrer les nœuds à distance? Le pranam est-il nécessaire pour accomplir ce travail?

MM: Je peux voir les lignes rouges et blanches à distance et desserrer les nœuds où que soient les devotees. Tant qu'il y a aspiration, le travail peut se faire. Mais lorsque les devotees sont ici, ils ressentent fortement la présence et cela les aide.

Q: Pour agir, votre force a-t-elle besoin que votre attention soit dirigée?

MM: Non, elle agit automatiquement; la Lumière agit d'elle-même.

Q: J'ai rêvé que je recevais votre darshan. Donnez-vous le darshan pendant la nuit?

MM: Je donne le darshan toujours, partout.

LE CONTACT INTÉRIEUR

Q: Que devons-nous faire pour recevoir votre Lumière et votre aide lorsque vous n'êtes pas physiquement avec nous? Comment pouvons-nous trouver le contact intérieur constant avec vous? Que devons-nous faire pour progresser dans notre pratique, notre sadhana? Attendez-vous quelque chose de ceux qui mettent entre vos mains la direction de leur vie et de leur pratique?

MM: Pour ce qui est de la sadhana, vous devez faire le japa lorsque vous voulez recevoir ma Lumière et mon aide quand je ne suis pas physiquement avec vous. Ce n'est que par le japa que vous avez un contact intérieur permanent avec moi. Si vous voulez faire quelque progrès dans la sadhana, vous devez pratiquer le japa. C'est la manière simple de se souvenir du Divin. Je n'attends rien des êtres humains, mais lorsqu'ils sont sincères et sérieux dans leur sadhana, cela m'apporte du bonheur.

Q: La plupart des gens qui viennent vers vous, vous voient uniquement au darshan. Quelle est la meilleure relation qu'ils puissent alors développer avec vous?

MM: Le meilleur moyen d'être auprès de moi, c'est de se souvenir de moi. De même, se rappeler le Divin apporte sa présence. L'amour, la sincérité et l'aspiration nous relient au Divin.

Q: Bien que je vive loin de vous, je ressens fortement et concrètement votre présence. Est-ce réel ou seulement un effet de l'imagination?

MM: C'est réel. Ceux qui ont une réelle aspiration pour le Divin, où qu'ils soient dans le monde, recevront mon aide et ma Lumière. De ce fait, leur réalisation se fera plus rapidement.

Q: Pendant la journée, lorsque nous sentons la pression de votre présence – dans le chakra du cœur ou dans la tête, par exemple – devrions-nous interrompre ce que nous faisons et accorder à votre présence une attention immédiate?

MM: La présence va et vient d'elle-même. Si cela vous est possible, vous pouvez interrompre votre activité et vous concentrer sur cette présence, mais que vous y soyez attentif ou non, elle fera ce qu'elle voudra. Vous pouvez aspirer à ce qu'elle revienne plus souvent.

Q: Pouvez-vous décrire la relation de votre esprit à celui du devotee?

MM: Lorsque le devotee éprouve des doutes, je donne à son esprit la Lumière afin qu'il voit clairement les choses. C'est quelque chose que je fais couramment et facilement. Ce n'est pas que je lise dans son esprit, mais lorsque quelque chose n'est pas clair, je le clarifie.

Q: Comment connaissez-vous l'état d'une personne à une certaine distance?

MM: Je vois.

Q: Une photo de la Mère est-elle utile?

Adilakshmi: Oui, la photo de la Mère n'est pas simplement une image. Il s'y trouve une partie du Divin. Le pouvoir de Mère s'y trouve. Vous voyez réellement Mère lorsque vous regardez la photo.

Q: Quel est le meilleur moyen de communiquer avec vous?

MM: Le contact de l'âme est le meilleur, il est préférable de le ressentir intérieurement – mais vous pouvez aussi écrire.

Q: Quelle est la meilleure façon, pour nous, de suivre votre enseignement intérieur?

MM: Lorsque vous prenez conscience que vous avez besoin de comprendre, demandez-le moi intérieurement, tout simplement, avec amour et abandon, et je vous l'enseignerai.

Q: Lorsque vous ne serez plus ici physiquement, les gens seront-ils en mesure de vous prier et d'entrer en contact avec vous?

MM: Oui, toujours.

Q: Certaines personnes disent qu'intérieurement, dans leur tête, elles entendent votre voix qui les guide. Est-ce réellement vous qui parlez?

MM: Habituellement pas. Je recommande aux gens de ne pas prêter attention à ces voix et de ne pas fonder leurs actions sur elles, parce qu'il est difficile de dire d'où viennent ces voix. Toutefois, lorsque des devotees se trouvent dans des situations extrêmes – en danger, par exemple – la voix qu'ils entendent les guider, a plus de chance d'être la mienne.

Q: Devons-nous écouter une voix intérieure qui nous met en garde lorsque nous faisons ou sommes sur le point de faire un faux pas?

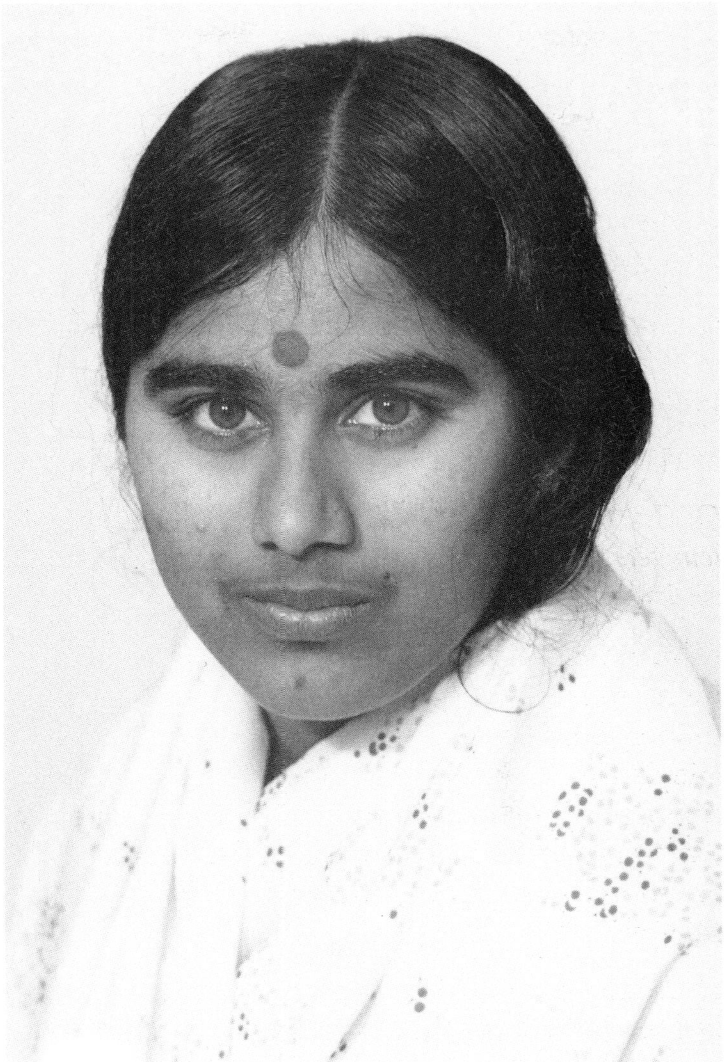

Noir-et-blanc n° 4
En Allemagne à Essen (1981)

MM: Il n'est pas toujours bon de suivre la voix intérieure. Il faut également examiner les circonstances et se servir de son bon sens.

Q: J'ai l'impression que vous m'adressez des messages à travers X.

MM: Oui, c'est souvent ainsi que cela se passe – d'autres personnes transmettent le message qu'un devotee a besoin d'entendre.

Q: Je sens que vous me mûrissez, que vous inspirez tout dans mon développement. Est-ce exact?

MM: C'est vous qui laissez les choses se produire. C'est une grande chose. Je peux tout donner mais vous devez tout vouloir. Je peux donner bien des choses avant même que vous sachiez que vous les désirez mais, lorsque vous le savez, c'est plus rapide et plus joyeux.

Q: Pourriez-vous me donner un symbole?

MM: La joie dans votre cœur n'est-elle pas un symbole suffisant?

MÉDITATION/JAPA

Q: La méditation formelle est-elle importante?

MM: Oui, il est bon de méditer une demi-heure ou une heure. Mais si l'on devient fanatique, si l'on veut quitter son travail, vivre seul et méditer vingt-quatre heures sur vingt-quatre, alors ce n'est pas bon.

Q: Quel type de méditation faut-il pratiquer?

MM: Fermez les yeux, restez assis en silence et faites le japa sur n'importe quel nom divin.

Q: Qu'est-ce que le japa? Pourquoi est-ce si important?

MM: Le japa, c'est la répétition du nom de celui en qui nous croyons. Le japa est essentiel. Le japa, ce ne sont pas simplement des mots – chaque nom divin est rempli de vibrations divines. Celles-ci nous entourent et nous protègent et pénètrent à la fois nos corps et tout notre être intérieur. Le rappel des noms divins donne une paix et un bonheur immédiats et nous détourne des choses du monde vers le Divin. Il n'y a pas de moment spécial ni de limite de temps pour faire le japa. Il est très bon de faire le japa toute la journée. Si ce n'est pas possible, souvenez-vous-en chaque fois que possible. Nous pouvons pratiquer le japa pendant n'importe quelle activité. Il est plus facile de s'en souvenir lorsque nous faisons un travail physique sans travail intellectuel. Ce japa nous aide à purifier notre état de conscience et facilite notre sadhana.

Q: Comment devons-nous dire le japa?

MM: Simplement. Dites-le, tout simplement. En faisant le japa, on ne doit pas être tendu ou chercher à réaliser quelque chose de précis. On doit essayer d'être sincère et d'éprouver de l'amour pour Dieu. La force s'en suit immédiatement, que vous en soyez ou non conscient.

Q: Pouvez-vous expliquer le pouvoir du nom?

MM: Chaque syllabe d'un nom divin – comme Krishna ou Jésus – a des vibrations qui modifient l'atmosphère. Tout objet auquel nous pensons de façon répétitive génère sa propre vibration. Bien que les mantras soient forts et puisants, nous ne pouvons pas en sentir les effets immédiatement, mais les résultats viendront. L'on peut sentir les différences de vibration des mots. En utilisant le mot, on peut faire changer les choses.

Q: Est-il nécessaire d'attendre qu'un gourou nous donne un mantra ou peut-on en trouver un par soi-même?

MM: Tout mantra qui vous vient facilement ou spontanément est celui que vous devez réciter. Il doit vous émouvoir et être pareil à une musique jaillissant du cœur.

Q: Je n'ai pas de japa déterminé. A des moments différents, ce sont des formes diverses du Divin comme Shiva ou Krishna qui me viennent à l'esprit, et je chante le mantra approprié. Est-ce bien ainsi?

MM: Oui, tout ce qui plaît à ce moment est bien. On n'est pas obligé d'avoir un mantra précis.

Q: Lorsque je répète votre nom, est-il nécessaire de dire le mantra tel qu'il est indiqué dans La Mère, *ou puis-je simplement répéter "Mère Meera" ou simplement "Meera"?*

MM: L'un ou l'autre suffit.

Q: Lorsqu'on médite sur une forme du Divin, suffit-il d'avoir simplement la sensation du Divin, ou faut-il également réciter le mantra?

MM: Il suffit d'avoir cette sensation. Mais il est bon aussi de répéter mentalement le nom du Divin, parce qu'en faisant cela vous entraînez l'esprit et le cœur.

Q: Quels sont les différents stades de méditation?

MM: Lorsque vous essayez de méditer pour la première fois, des pensées vous viennent. Puis, elles s'apaisent. Ensuite, il vous vient des visions. Alors, le mental se vide. Certains croient qu'il n'y a là rien du tout et cessent de méditer. Mais si vous continuez vous finirez par vous réaliser.

Q: Est-ce que tout le monde a des visions à un moment donné?

MM: La plupart des gens en auront, mais quelques uns n'en auront pas.

Q: Quelle est la meilleure technique de méditation?

MM: Il y a tant de techniques. Généralement, elles plongent les gens dans la confusion. Souvent, elles augmentent la vanité spirituelle des gens au lieu de la détruire. L'homme orgueilleux est loin de Dieu. Il faut être très prudent. Le meilleur moyen est de se souvenir du Divin en chaque chose et de tout offrir au Divin.

Q: Y a-t-il quelque chose que nous puissions faire pour transformer nos états de rêve et de sommeil afin qu'ils deviennent une part intégrante de notre pratique?

MM: Si nous pratiquons le japa lorsque nous sommes éveillés, ceci peut se poursuivre dans l'état de rêve. Nous pouvons prier le Divin de nous aider en cela.

Q: Que pensez-vous de la pratique, utilisée dans de nombreuses religions, de penser que l'on est soi-même Dieu?

MM: Il n'est pas bon de dire: "Je suis Dieu". Nous ne pourrons le dire qu'une fois que nous aurons fusionné avec le Divin. Aussi longtemps que nous avons nos propres pensées, nos sentiments, nos désirs, ce n'est pas bon.

Q: Parfois, j'imagine mes cellules ou mon cœur s'ouvrant à la Lumière. Ces images produites par l'imagination sont-elles utiles?

MM: Non. Il vaut mieux être silencieux. En utilisant ainsi votre imagination, vous construisez des illusions et pourriez ainsi vous retrouver dans un monde illusoire. Il vaut mieux aller droit à l'essence. Certaines personnes qui s'imaginent qu'elles sont divines finissent par se prendre pour Dieu. Elles peuvent alors agir de façon désinvolte, cesser de travailler et ainsi de suite. Il est plus sain de garder sa dévotion pour Dieu. Tout particulièrement pendant le Kali Yuga, l'ère actuelle, il est préférable que la plupart des gens gardent le point de vue dualiste – la dévotion au Divin. Ensuite, au niveau le plus élevé, l'advaita (le non-dualisme) vient naturellement.

EXPÉRIENCES SPIRITUELLES

Q: Dans votre yoga, on dit le japa, on se concentre sur le Divin et on tente de clarifier l'esprit le plus possible, de manière à être réceptif à la Lumière et à son œuvre. Lorsque des expériences commencent à venir, y a-t-il une carte à suivre?

MM: Les expériences viendront et s'en iront. Parfois des devotees me demandent mon avis sur une expérience, mais ils n'écoutent pas le conseil que je leur donne si celui-ci ne flatte pas leur amour-propre. Il n'est guère utile de réfléchir à la réalité ou l'irréalité des expériences. Même en y réfléchissant, vous ne pourrez pas déterminer leur authenticité. Quelles que soient les expériences qui viennent, grandes ou petites, il est préférable de les offrir au Divin et de continuer à faire le japa. Sinon votre concentration se fixera sur l'expérience et non sur le Divin.

Q: Comment dois-je comprendre les expériences mystiques que je vis?

MM: Les réponses et les indications viendront. Il faut avant tout que l'esprit soit prêt. Les expériences se produiront et la Lumière préparera l'esprit à comprendre ces expériences.

Q: Les gens devraient-ils garder le silence sur leurs expériences?

MM: De parler ou non de nos expériences dépend des auditeurs, de leur niveau d'intérêt et de la profondeur de leur compréhension. Il ne sert à rien de parler de nos expériences à ceux que cela n'intéresse pas.

Q: Lorsque vous apparaissez dans un rêve, êtes-vous vraiment là?

MM: Cela dépend des circonstances du rêve.

Q: Comment savoir quelles sont les visions qui me viennent du Divin et celles qui proviennent de ma propre imagination?

MM: C'est parfois difficile. Les gens aiment inventer des choses, et le mental est très malin. Les visions qui viennent du Divin vous changent. Elles vous rendent plus aimant et plus humble. Et plus fier dans le bon sens du terme, fier du Divin.

Q: L'expérience visionnaire d'être Dieu peut-elle conduire à une folie de puissance?

MM: Pas si la vision est réelle. Si la vision est réelle, vous voyez la grandeur de Dieu. Une véritable vision apporte l'adoration du Divin, et il ne peut y avoir de vanité dans cette adoration.

Les visions sont utiles et nous devons en être reconnaissants. Elles sont des signes; elles approfondissent la foi; elles vous montrent ce vers quoi vous devez tendre. Mais le vrai travail consiste à bâtir l'amour et le silence, à changer entièrement votre caractère et votre mental. Les visions vont et viennent. Le silence demeure. Le silence apporte un lien permanent, une présence continuelle.

Q: Avec l'éveil, nous réalisons que nous sommes une partie du Divin, mais pas la totalité du Divin. Lorsqu'on réalise cela, tout orgueil se trouve rabaissé, n'est-ce pas?

MM: S'il y a quelque orgueil ou vanité, alors vous n'êtes pas éveillé. Les saints et yogis qui sont réellement grands sont toujours les plus humbles. L'humilité, c'est l'amour. L'humilité, c'est ce que le cœur connaît. La véritable joie est humble, parce qu'elle est pure et donnée. Un homme humble est toujours prompt à voir ses erreurs. Si vous n'êtes pas humble, le Divin ne vous utilisera pas. Ma force ne passera à travers vous que lorsque vous serez purs – sinon ce serait dangereux pour vous. Vous devez vous garder purs à tout moment. L'ego continuera de chercher à s'approprier ce que l'âme apprend.

Q: Parfois, lorsque j'ai eu de grandes expériences, je me demande si je suis fou.

MM: Si vous devez être fou, soyez fou de la bonne manière – fou d'amour divin.

Q: Qu'est-ce que le troisième œil, que voit-il? A quel stade s'ouvre-t-il?

MM: Cet œil embrasse toutes choses. Il voit la totalité de la situation – par exemple, il peut voir les antécédents des actions des autres. Quant à dire à quel stade il s'ouvre, cela varie en fonction de l'individu. Il n'est pas intuitif, il VOIT tout clairement.

Q: A quoi ressemble le samadhi?

MM: Les gens qui sont réellement en samadhi sont au-dessus des cinq éléments et n'ont pas besoin de nourriture, d'air ou d'eau. Ils sont dans un état de félicité, ils sont forts et complets en eux-mêmes.

Noir-et-blanc n° 5 Mr. Reddy et Mère Meera en Inde à Pondichéry (1978)

Pour ceux qui ont atteint le samadhi, il est facile d'aboutir à la réalisation.

Q: Est-il nécessaire d'atteindre le samadhi pour réaliser Dieu?

MM: Non. Ce n'est qu'une voie, un chemin, le chemin du jnana. Dans le chemin de la bhakti, nous pouvons réaliser le Divin par l'amour. Par une vie de famille réussie, nous pouvons nous réaliser, avec la dévotion de Mirabai, nous pouvons nous réaliser. Anasuya a vénéré son mari, un saint, comme divin et est devenue réalisée.

Q: Quelle est l'attitude à avoir à l'égard de ses propres expériences spirituelles?

MM: Avant tout, soyez reconnaissants. Offrez-les à Celui qui les a envoyées. Il vous les a données, rendez-les Lui avec amour. Ne pensez jamais que vous êtes spécial ou choisi. Sachez que, si vous le pensez, c'est l'ego qui le pense. Ce même ego que ces expériences cherchent à vaincre peut les utiliser. L'ego est malin, il est capable d'utiliser même l'expérience du Divin.

Souvenez-vous que, aussi extraordinaires que soient les expériences, il y en a toujours d'autres plus grandes. Le mental est limité mais l'esprit est infini. Il n'y a pas de limite à la transformation. La transformation que j'opère se fait à l'intérieur de l'être et du pouvoir de Dieu et est donc par nature sans limite.

Les forces mentales et vitales ont bien des manières d'imiter et de pervertir le spirituel. Cela prend du temps pour devenir conscient de la façon dont ces différentes forces travaillent. Il est parfois bien difficile de dire avec exactitude d'où vient une expérience. C'est ici que la discipline est nécessaire, de même que la purification et la grâce de la Mère.

LA PRIÈRE

Q: Est-il important de demander quelque chose au Divin?

MM: Si vous voulez quelque chose – l'amour, la vérité, ou le courage, par exemple – vous devez le demander. Si vous demandez quelque chose à Dieu, humblement et avec amour, vous le recevrez. Mais vous devez demander de tout votre cœur, de manière à ce que votre cœur soit vide et que Dieu puisse le remplir. S'il s'y trouve quelque orgueil, il ne pourra le remplir autant. Dieu veut tout vous donner; vous devez apprendre comment le laisser faire. Pour cela, il vous faut vous abandonner. La récompense de cet abandon, c'est la félicité et la connaissance.

Q: Que dois-je demander?

MM: Demandez tout – comme un enfant demande tout à sa mère, sans honte. Ne vous arrêtez pas à la paix de l'esprit, la pureté du cœur ou l'abandon. Exigez tout. Ne vous contentez de rien d'autre que de tout. Si vous demandez, vous recevrez. Si vous recevez, vous devrez assumer.

Q: Quelle relation y a-t-il entre karma et prière? A quoi sert la prière si tout ce qui arrive dépend de notre karma?

MM: Si nous nous contentons d'accepter notre karma et d'agir en fonction de cela, il n'y aura pas de fin – notre karma continuera pendant bien des vies encore. Par contre, si nous prions et si nous offrons au Divin les fruits de nos actions, alors notre karma peut cesser, diminuer ou être transformé.

Q: Comment agissez-vous sur le karma de quelqu'un? Comment les obstacles sont-ils éliminés?

MM: Certains karmas peuvent être éliminés, mais d'autres sont considérables et ne peuvent l'être. Toutefois, dans ces cas-là, je peux aider les gens à s'attarder de moins en moins sur leurs problèmes et je peux ainsi réduire considérablement la douleur. Si nous croyons en Dieu, lorsque des difficultés surviennent dans la vie ordinaire, nous ne les sentons pas aussi fort et pouvons les traverser d'un cœur léger. Trop penser aux problèmes ne fait que les aggraver, et même un petit problème peut aboutir à une grande explosion. Quant à la manière dont les obstacles sont éliminés, il n'y a pas de mots pour décrire cela.

Q: Tous les gens ont-ils leurs propres anges gardiens?

MM: Il y a des anges différents pour des fins différentes – ils ne viennent qu'en cas de besoin.

Q: Lorsque nous avons des problèmes, est-ce que vous écrire peut apporter une aide? Ou bien suffit-il de prier?

MM: Les devotees au grand cœur veulent toujours écrire, quel que soit le problème. Ils se tournent toujours vers la Mère. D'autres devotees, qui ont un mental très développé, ne veulent pas écrire parce qu'ils ont peur que je garde des archives de leurs problèmes, qu'ils veulent garder secrets. En général, les gens devraient écrire au sujet de leurs problèmes, et ils recevront une aide directe. Bien que certaines personnes puissent recevoir des réponses directement par la prière, les prières de beaucoup d'autres peuvent ne pas être profondément sincères, et de ce fait, ils ne reçoivent pas une aide aussi rapide. Bien des gens tardent à écrire au sujet de leurs problèmes, mais lorsque, finalement, ils écrivent et postent leur lettre, il peut arriver qu'ils reçoivent une réponse immédiatement, bien avant que j'ai reçu la lettre. Chacun doit décider pour soi-même s'il doit écrire ou non.

Q: Est-il nécessaire d'avoir un intermédiaire dans la prière? Parfois, il semble difficile de prier Dieu directement.

MM: Ceux qui prient directement Paramatman ont une forte croyance en Paramatman. Parce qu'ils sont confiants que Dieu les aidera, ils ne passent pas par des intermédiaires. Qu'il y ait des intermédiaires ou non, en fin de compte, toutes les prières iront à Paramatman.

Q: La grâce vient-elle directement de vous à nous ou par l'intermédiaire de notre propre atman, notre âme?

MM: La grâce vient directement, il n'y a pas d'intermédiaire. Dieu nous aide constamment.

Q: Les gens ordinaires peuvent-ils prier pour d'autres de manière efficace, bien que nous soyons si petits?

MM: Aussi petits que nous soyons, il est utile de demander à Paramatman d'écarter nos obstacles et ceux des autres. La prière aide toujours. Aux yeux de Paramatman, nous sommes toujours de petits enfants.

Q: Dans certaines traditions spirituelles, l'une des façons d'aider les autres est de les visualiser calmement, dans le silence d'une profonde méditation. Ce genre de technique est-il utile, et y en a-t-il d'autres que vous recommandez?

MM: Il vaut mieux simplement prier et demander directement au Divin d'aider les autres et de les protéger.

Q: Lorsqu'un ami traverse des difficultés et que les mots ne l'aident pas, que peut-on faire?

MM: Priez simplement en silence pour la personne. C'est la chose la plus utile que l'on puisse faire.

Q: Lorsque nous sentons fortement votre énergie, est-il utile de la diriger vers d'autres qui ont besoin d'aide?

MM: Vous ne pouvez pas transmettre la Lumière à d'autres. La Lumière qui vous vient n'est utile qu'à vous.

Q: Pouvons-nous aider d'autres gens à être éclairés?

MM: La prière pour les autres est utile à cet égard, et elle nous aide également à nous souvenir du Divin.

Q: Il est difficile de trouver du temps pour prier pendant la journée.

MM: Ce n'est pas difficile; il s'agit de faire de la prière une habitude.

Q: Est-il possible de parler à Dieu?

MM: Lorsque nous offrons tout à Dieu, c'est en voyant les résultats que nous saurons qu'Il nous a entendus. Un jour, lorsque nous serons mûrs, nous entendrons directement la voix de Dieu.

AMOUR ET DÉVOTION

Q: Pourquoi la dévotion au Divin est-elle importante?

MM: Si vous éprouvez de la dévotion, vous recevrez tout.

Q: Comment croît-on en dévotion?

MM: L'on doit aspirer sincèrement à développer la dévotion et prier sincèrement le Divin.

Q: Parfois, je pleure pour Dieu. Est-ce bien?

MM: M. Reddy disait souvent combien il est étrange que les hommes puissent pleurer pour une perte d'argent ou la perte d'une femme alors qu'ils ne passeraient pas une seule nuit sans sommeil à prier Dieu. Ramakrishna le disait aussi. Voyez combien il a pleuré et prié pour la Mère Divine. C'est une grande chose que de pleurer pour Dieu. Que de fois les gens ne pleurent-ils pas pour un amant, une maîtresse, qui les abandonne ensuite! Mais Dieu se souvient de chaque petite prière, de chaque larme. Une larme, c'est une porte par laquelle je peux entrer. Comment puis-je venir dans un cœur qui ne se languit pas de moi?

Pourquoi les gens devraient-ils croire qu'il est honteux de pleurer pour Dieu? Regardez les gopis de Krishna; regardez Mirabai. Vous devez aimer énormément pour désirer le grand amour de Dieu. Vous devez abandonner tous les autres amours pour celui-là. Mais, pour cela, vous devez connaître la valeur du Divin. Bien des vies peuvent s'écouler sans la moindre saveur de félicité divine. Si vous ne voulez pas gaspiller cette vie, le désir sacré de Dieu est essentiel.

Q: Abandonne-t-on jamais le désir de Dieu?

MM: Même l'Avatar doit désirer être en Dieu à tout moment. Et lorsque l'Avatar meurt, il ou elle désire de tout son être l'union avec Dieu. La réalisation est le commencement du désir véritable pour une union toujours plus profonde.

Q: Dieu n'a pas de forme. Mais, pour aimer le Divin, n'est-il pas nécessaire d'aimer l'un des aspects de Dieu qui a pris forme – Krishna ou Jésus, par exemple?

MM: On peut aimer le Divin directement mais aussi à travers les dieux, les anges et les gourous.

Q: Comment devrions-nous pratiquer la bhakti, la dévotion?

MM: Il n'est pas nécessaire d'offrir des fleurs et de l'encens. Quoi que vous fassiez, vous pouvez l'offrir sans rien attendre en retour. Aimez votre maître avec sincérité et abandon.

Q: En quoi les chemins du jnana et de la bhakti sont-ils liés l'un à l'autre?

MM: Etre un jnani, c'est connaître, et plus vous connaissez le Divin, plus vous aimez. Etre un bhakta, c'est choisir la voie de l'amour, et plus vous aimez le Divin, plus votre connaissance augmente.

Q: Parfois nous parvenons à nous concentrer sur le Divin, mais parfois nous nous attachons à d'autres choses.

MM: Lorsque vous vous dites que vous ne pensez pas suffisamment au Divin, il y a là une aspiration qui va aussi vers le Divin.

Q: Je n'ai pas toujours un véritable sentiment d'amour et de dévotion pour le Divin.

MM: Se souvenir du Divin, même si ce n'est qu'intellectuellement, conduit à l'expérience du Divin.

Q: Parfois, je me sens rejeté par Dieu.

MM: Lorsque nous ne ressentons pas l'amour de Dieu, nous vivons son absence comme une punition. Lorsque nous ressentons l'amour de Dieu, nous nous demandons comment nous ne l'avons pas ressenti plus tôt.

Q: Que pensez-vous de l'athéisme?

MM: Il n'y a pas d'athées. Tout le monde a une passion pour quelque chose – que cela s'appelle art ou n'importe quoi d'autre.

Q: Quelle différence y a-t-il entre notre réel besoin de la Mère et notre sincère amour pour elle?

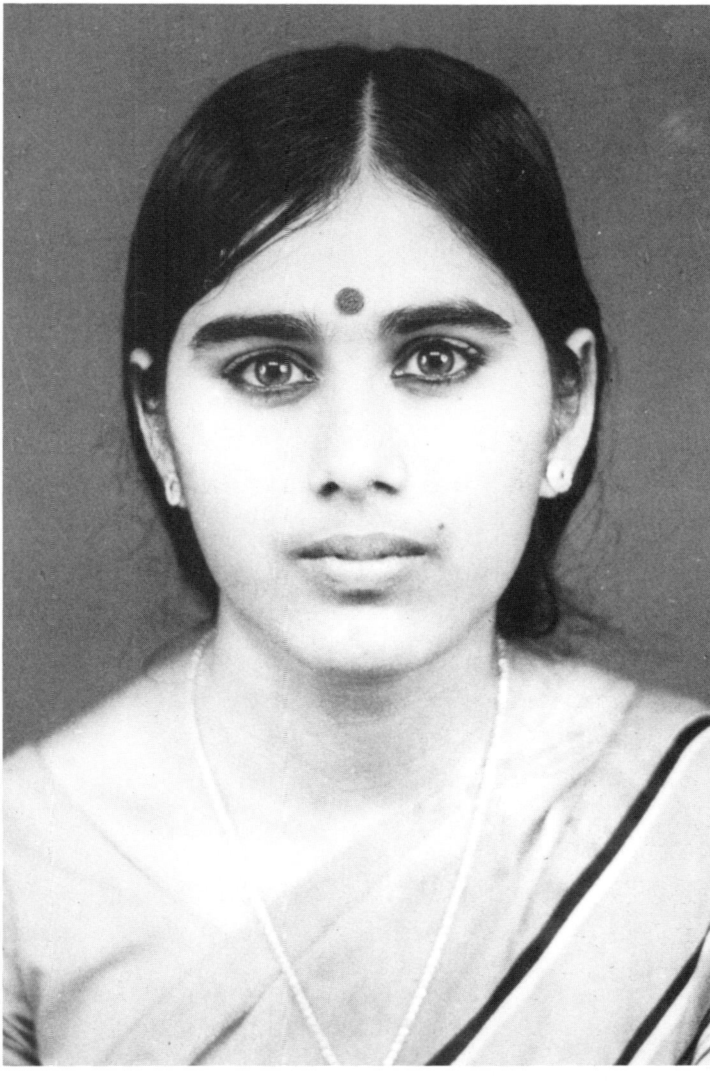

Noir-et-blanc n° 6
En Inde à Pondichéry (1979)

MM: Ce sont deux choses différentes. Lorsque nous avons besoin d'elle, c'est pour nous-mêmes. Lorsque nous l'aimons, nous n'avons aucune attente.

Q: Est-ce un problème pour un devotee que de vous aimer, vous personnellement, tout en aimant le Divin en vous?

MM: Si vous vous fixez sur ma personnalité et ma forme extérieures, le conflit et la déception peuvent survenir. Mais si votre relation intérieure avec moi est bonne, alors, tout est bien.

Q: Lorsque nous commençons à ressentir l'extra-ordinaire intensité de votre amour pour nous, cela veut-il dire que nous commençons à vous le rendre?

MM: Il n'y a qu'un seul amour, une seule énergie. Lorsque vous le ressentez, alors vous commencez à le comprendre.

Q: Comment la bhakti devient-elle sans dualité?

MM: La dualité existe jusqu'à ce que nous nous fondions dans le Divin; alors, il n'y a que le Un. A mesure que l'amour croît pour le maître, nous nous fondons graduellement dans le Divin. Le processus est lent afin que nous ayons un goût croissant du Divin. Si cela ne se fait pas lentement, le corps ne le ressent pas. Si nous ne le sentons pas, la dévotion dont nous avons besoin en vue de notre transformation ne grandit pas. Lorsque nous atteignons la réalisation complète, alors chaque aspect de nous se fond dans le Divin.

ABANDON ET OFFRANDE

Q: En enseignant en silence et en apportant ici-bas la Lumière de Paramatman, vous appelez à un abandon très profond et très intense. Pouvez-vous nous aider à comprendre clairement ce qu'est l'abandon?

MM: Tout offrir au Divin, c'est s'abandonner. Donner notre vie au Divin, c'est nous abandonner. La simplicité, c'est l'abandon. Si nous sommes simples, l'ego se dissoudra de lui-même; si nous sommes simples, les réponses viendront. Aussi grands que nous soyons, nous souvenir toujours qu'il y a quelque chose de plus grand – le Divin – c'est s'abandonner. Ne pas être egoiste, c'est s'abandonner. Etre humble, c'est s'abandonner.

Q: Qu'est-ce que l'abandon?

MM: S'abandonner, c'est offrir au Divin tout ce que vous faites et suivre scrupuleusement ce que vous disent les sages. Une forme importante de l'abandon consiste à vivre en respectant les règles de la religion que vous choisissez.

Q: "S'abandonner", n'est-ce pas être faible?

MM: Non. Le véritable abandon n'est pas de la faiblesse. C'est la chose la plus forte qu'un être humain puisse faire. Il faut être fort pour renoncer à tout.

Q: Pourquoi devrait-on tout offrir au Divin?

MM: Tout offrir, pur ou impur, est la meilleure manière, et la plus rapide, pour se développer spirituellement. Si vous offrez tout au Divin, le Divin l'acceptera et le prendra, même les pires choses. Ce qui importe, ce n'est pas ce que vous offrez mais LE FAIT que vous offriez. Offrez tout, et vous prendrez l'habitude de penser toujours à Dieu. C'est CELA qui vous changera.

Q: Qu'est-ce qu'offrir?

MM: C'est la politesse de l'amour. Quoi que vous fassiez, offrez-le à Dieu d'un cœur reconnaissant et humble.

Q: Comment offre-t-on quelque chose à Dieu?

MM: On peut offrir quelque chose à Dieu comme on veut – en utilisant des mots ou simplement en le ressentant. Si nous voulons offrir quelque chose de bon, nous pouvons simplement en remercier Dieu. Pour ce qui est des choses négatives, nous pouvons les offrir à Dieu et lui demander de les prendre. Ou bien, en les offrant simplement à Dieu, nous pouvons nous sentir gênés de ce que nous Lui offrons, et ainsi commencer à changer.

Q: Pouvons-nous jouir de la vie matérielle?

MM: Vous pouvez jouir de la vie matérielle, mais offrez-la au Divin.

Q: Qu'est-ce que cela veut dire lorsque Krishna dit à Arjuna, dans la Bhagavad Gîta, de renoncer aux fruits de toute action?

MM: Si vous pensez: "Je fais telle action", vous devenez centré sur vous-même. Au lieu d'être centré sur vous-même, offrez tout au Divin. Si vous offrez tout au Divin, il n'y a pas d'ego. S'il n'y a pas d'ego, vous devenez divin.

Q: Comment développe-t-on l'aspiration?

MM: Offrez tout ce que vous faites au Divin et cela développera l'aspiration.

Q: De nombreux devotees apportent des fleurs et des cadeaux. Quelle est la meilleure chose que nous puissions vous offrir? Les sombres mouvements de l'ego peut-être?

MM: Oui, tout particulièrement l'ego. Et votre joie. Quoi que vous offriez, ce doit être offert sincèrement, pas comme un devoir.

Q: Mais l'ego est horrible.

MM: Rien n'est horrible pour le Divin.

Q: La nature de l'offrande au Divin est-elle importante?

MM: Un enfant apporte à sa mère une bille, un escargot, un bâton. La Mère ne regarde pas le cadeau. Elle est heureuse que son enfant ait pensé à elle. Qu'est-ce qu'un cadeau, quel qu'il soit, pour Dieu? Dieu a tout. Vous ne faites que rendre à Dieu ce qu'il vous a donné. Le cadeau n'est pas important, seul l'amour l'est.

L'EGO

Q: Comment l'ego prend-il naissance?

MM: C'est le corps, le vital et en particulier le mental qui se croyant être le soi, introduisent l'égoïsme.

Q: Comment l'ego bloque-t-il la force de vérité alors qu'il est si faible?

MM: Comparé au Divin, l'ego est faible, mais dans le monde, il est fort.

Q: Pourquoi les gens croient-ils que le monde est réel?

MM: Parce qu'ils se concentrent sur les choses et voient la diversité plutôt que l'unité.

Q: Dans le monde, l'ego est fort – alors comment pouvons-nous échapper à l'ego sans fuir le monde?

MM: Si vous grandissez intérieurement, l'ego s'effacera. La méditation, le japa et la prière affaiblissent l'ego.

Q: Le démantèlement de l'ego doit-il toujours être ressenti comme une mort?

MM: Pour accomplir la réalisation, une mort au vieux soi, l'ego, est nécessaire. Mais pourquoi s'en attrister? Qu'est ce que l'ancien soi vous a donné que vous devriez tant aimer? Le soi divin vous donnera tout et vous donnera aussi la félicité. Ne pensez pas en termes de "renoncer" à quelque chose. Pensez en termes de "grandir". Pensez à devenir toujours plus fort et plus aimant et plus complet. Alors, ce que vous vouliez hier, vous ne le voudrez plus aujourd'hui et ce que vous voulez aujourd'hui, vous verrez demain que ce n'est plus utile. Il faut de la discipline, et du contrôle – non pas au nom de la "mort", mais au nom de l'amour et de la véritable vie. Il faut parfois tailler un arbre pour qu'il soit droit et pour l'aider à pousser.

Q: La mort de l'ego est-elle nécessaire?

MM: Pour Dieu, aucun ego n'est nécessaire. Pour vivre dans ce monde, l'ego est nécessaire. A vous de choisir.

LA DOULEUR SUR LE CHEMIN

Q: Que doivent faire les gens, de la peur qui survient dans le processus du développement spirituel?

MM: Ils ne doivent pas s'en effrayer. Elle est courante et naturelle; on ne peut l'empêcher. Mais elle disparaîtra. Tout comme la joie viendra et s'en ira, la peur aussi. Acceptez cela simplement et continuez.

Q: Comment réagir quand parfois la peur me saisit?

MM: Pourquoi vous affliger ou avoir peur? Avancez plus profondément dans la joie. Travaillez avec la joie. C'est ainsi que vous mettrez fin au chagrin et à la peur.

Q: Que dois-je faire du désespoir que je ressens quand j'échoue?

MM: Echouer est sans importance. Tout le monde échoue à certains moments. Tout le monde commet des erreurs. Mais vous ne devez pas vous décourager. Vous ne devez jamais penser "Je ne peux pas faire cela". Vous devez savoir que ce n'est pas vous qui faites le travail; c'est la Mère. Vous devez avoir confiance en elle. Bien sûr, vous devez aussi travailler – mais de manière sereine, avec un cœur ouvert.

Q: Mon mental est toujours en train de créer des difficultés. Que dois-je faire?

MM: Essayez d'être assez sage pour savoir que vous ne savez pas. Alors, le Divin peut vous mener plus avant dans la voie de la vraie connaissance, calmement, étape par étape. Donnez-moi votre esprit sans crainte et je l'épanouirai. Lorsque le cœur souffre, il est facile de transformer sa souffrance en joie, mais lorsque le mental crée un fantasme et vit à travers ce fantasme, il est extrêmement difficile de le changer. Alors, soyez très prudents. Ne laissez pas votre mental devenir votre pire ennemi.

Q: Parfois, j'ai envie d'abandonner tout espoir.

MM: Un homme ne doit perdre espoir à aucun moment. S'il perd espoir, c'est comme un suicide. Il y a toujours de l'espoir.

Q: Mais pour espérer, l'homme doit être humble.

MM: Il doit se connaître lui-même. Cela le rendra humble. Alors, il peut avoir le véritable espoir.

Q: Comment se fait-il qu'après avoir fait l'expérience d'une parcelle de votre Lumière les gens soient ensuite confrontés à des humeurs négatives et des désirs puissants?

MM: Les émotions, comme la colère, ne surviennent pas pour entraver notre progrès. Elles sont là, en nous, et ne peuvent pas toujours être contrôlées. Elles doivent sortir afin que nous puissions les comprendre et les offrir au Divin. Tout ce qui est à l'intérieur sortira. Même avec les personnes évoluées, des émotions comme la colère surviennent, mais la qualité de la colère change, bien que la quantité puisse demeurer la même. Ces émotions demeurent jusqu'à notre fusion en Paramatman.

Q: Pourquoi nos faiblesses et nos fautes doivent-elles être si clairement mises en évidence, juste au moment où nous essayons de toutes nos forces, de mettre l'accent sur les côtés plus "reluisants" de notre personnalité?

MM: Pour accomplir mon travail, les gens doivent connaître leurs mauvais côtés. Et ils doivent les connaître complètement pour ne pas être victimes d'eux-mêmes. La Force ne peut travailler qu'à travers celui qui est humble. Vous devez connaître la différence entre l'humain et le Divin en vous, afin de pouvoir transformer l'humain PAR le Divin.

Q: En dépit de tout ce dont j'ai fait l'expérience avec vous, je doute parfois encore de vous.

MM: Le doute est utile. Il vous aide à rester honnête. Parfois les gens disent combien ils m'aiment et combien ils aiment Dieu, mais je sais ce qu'il y a dans leurs cœurs. Il vaut mieux que quelqu'un dise: "Je vous aime" en sachant toute la haine et le doute qu'il y a encore en lui. Alors, cela

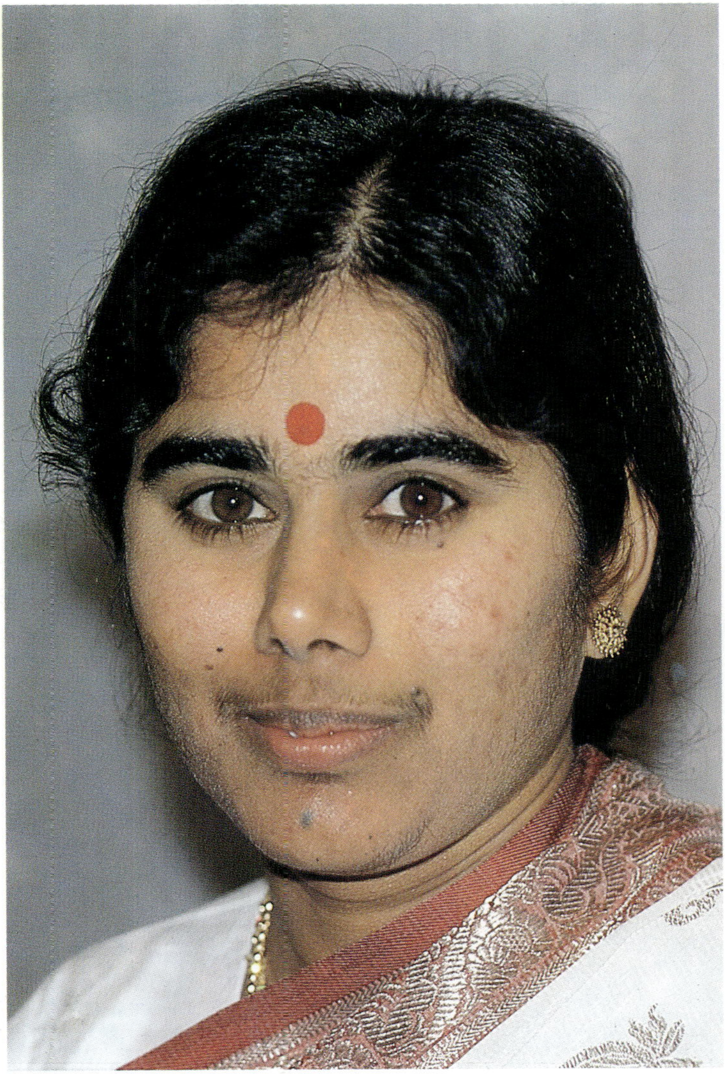

N° 24
En Allemagne à Thalheim (1994)

veut dire quelque chose. Alors, l'amour peut grandir. Quels que soient les doutes qui surgissent, aussi effrayants soient-ils, sachez qu'ils sont la création de votre mental. Seule la Lumière est réelle. L'ego a du mal à accepter cela.

Mais n'ayez pas honte de douter. Vous êtes humains, et ce sont des choses qui viennent à l'être humain. Utilisez toute énergie pour vous changer. Il n'y a qu'une seule énergie, et une fois que vous le savez, vous pouvez tourner vers moi toute impulsion, tout offrir, aussi mauvais que cela paraisse à vos yeux, afin que cela soit transformé.

LA SOUFFRANCE

Q: Les religions telles le Christianisme et le Bouddhisme estiment que la souffrance est bonne dans la mesure où elle nous pousse à chercher Dieu. La souffrance a-t-elle un rôle à jouer dans la sadhana?

MM: La souffrance est une voie, mais pas la principale. Elle vient toute seule; vous n'avez pas à la demander. Si vous souffrez, vous allez naturellement demander le bonheur. Mais le Divin ne dit jamais que la souffrance est nécessaire – cette idée est une création des êtres humains. Le Divin nous demande d'être heureux, harmonieux et sereins.

Q: Comment la souffrance agit-elle pour apporter le changement?

MM: Les gens souffrent beaucoup dans la vie sans savoir pourquoi. Avec la Grâce, vous recevez une aide pour comprendre pourquoi et pour changer. La plus grande douleur est l'ignorance. Lorsque la douleur est claire, vous pouvez trouver sa source et vous pouvez changer.

Q: Quel est votre attitude à l'égard de la souffrance physique?

MM: La douleur appartient au corps et doit donc être acceptée.

Q: Pouvons-nous alléger notre propre souffrance?

MM: Lorsque nous manquons de sincérité, nous ressentons de la souffrance. Lorsque nous sommes sincères, il n'y a pas de souffrance – nous nous concentrons sur la Mère de sorte que, même s'il y a souffrance physique, nous ne la sentons pas. On ne peut pas dire que la douleur soit absente, mais comme nous ne sentons pas qu'elle nous appartient, elle est affaiblie. Si nous avons la foi, nous sentons moins la douleur.

La manière dont nous considérons la souffrance dépend de notre mentalité. Lorsque nous offrons une souffrance au Divin, nous en sommes libérés. Fixer son attention sur la douleur ne fait que l'accroître. Les humains augmentent la douleur en se concentrant sur elle.

Q: Pourquoi le Divin a-t-il créé le monde de telle manière que la douleur existe?

MM: Par leurs créations mentales, les humains intensifient le peu de douleur qu'il y a dans le monde et ils en font un grand drame.

L'INTELLECT

Adilakshmi: Combien de fois ne l'ai-je pas observé! Les gens viennent ici avec tant de questions mais, le seul fait d'être assis avec Ma balaie tout de leurs têtes. Ils viennent avec des questions et s'en vont avec la paix. La paix et la joie sont la réponse.

Q: Le langage peut-il transmettre la vérité?

MM: Le langage peut indiquer la vérité.

Q: Quelle importance y a-t-il à comprendre les systèmes philosophiques?

MM: Il est utile d'étudier les divers chemins parce que cela donne une connaissance du chemin en général, de même qu'un respect pour les autres traditions. Si nous ne connaissons que quelques chemins, notre vision risque d'être limitée, rigide. Un contexte plus large est préférable – cela nous aide lorsque nous avons des expériences en nous éclaircissant et en nous rassurant sur le fait que nous sommes sur la bonne voie.

Q: De quel maître recommandez-vous particulièrement la lecture?

MM: Chaque religion a ses livres de base. Il est utile de lire toutes les œuvres fondamentales de n'importe quelle religion. Bien sûr, nous pouvons lire d'autres livres qui nous attirent, mais les choses fondamentales nous devons les connaître. Lisez les œuvres de nombreux sages et saints, pas seulement un, de manière à avoir une variété de vues.

Q: J'ai remarqué que je ne trouve ce que j'ai besoin de savoir qu'au moment où je suis assez fort pour supporter cette connaissance.

MM: Oui. Il n'y a aucune utilité à savoir les choses avant que l'on ne soit prêt. Cela mène à la confusion.

Q: Devrions-nous chercher à restreindre l'usage de l'intellect?

MM: Si le mental ne dérange ni ne détruit les autres, alors il peut continuer de faire ce qu'il veut.

Q: La clarté dont j'ai besoin pour faire votre travail est-elle du domaine du mental?

MM: La clarté est du domaine de l'esprit, de la Lumière. Mais le mental est utile. Entraînez-le à être éveillé. Entraînez-le à être éclairé par l'esprit. Faites-en un serviteur et non un maître. Il y a une grande joie pour le mental à suivre l'esprit.

LA RÉALISATION

Q: Pouvons-nous considérer Paramatman comme le Soi?

MM: Seulement lorsque vous fusionnerez avec Paramatman.

Q: Qu'est-ce que l'atman, l'âme?

MM: L'atman vient de Paramatman. Tout comme l'atman est essentiel pour le corps, de même Paramatman est important pour l'atman. L'atman guide notre développement et est la base ou cause première de tous nos corps physiques et subtils. Il travaille à travers les divers corps pour faire l'expérience de tout, puis il rapportera toute cette expérience à Paramatman dans la réalisation.

Q: Quelle est notre relation à l'âme?

MM: L'âme agit comme protecteur pendant nos vies et est toujours avec nous. Elle n'a pas de souhaits propres. Elle n'est pas seulement un témoin ou un guide, elle aide aussi notre développement. Libre de l'influence de nos actions, elle reste avec nous en permanence à travers nos vies jusqu'à ce que nous nous unissions au Divin.

Q: Est-ce l'atman qui ignore son origine divine?

MM: L'atman n'a pas de désirs et ne connaît aucune souffrance. Il vient de Paramatman et a la qualité de la Lumière. Ce n'est pas l'atman qui devient réalisé.

Q: Quel est le processus de réalisation?

MM: Le corps, le vital et le mental, doivent apprendre à coopérer avec l'atman. Une fois que nous aurons eu toutes les expériences dont nous avons besoin, l'âme avec toutes ses enveloppes pourra se fondre en Paramatman.

Q: Si, en méditation, je pouvais calmer le mental, y aurait-il réalisation de l'atman?

MM: Le mental et le vital changent graduellement et comprennent davantage, avant que la réalisation ne se produise.

Q: Lorsque les gens affirment qu'ils réalisent Dieu, réalisent-ils vraiment l'atman?

MM: Bien des gens disent qu'ils se sont réalisés. Certains disent qu'ils se sont réalisés parce que cela leur permet d'échapper à des obligations ordinaires. Ceux qui se sont vraiment réalisés ne le disent pas. La réalisation de l'âme n'est pas la réalisation complète. Ce que j'entends par réalisation c'est la réalisation de Paramatman, pas de l'atman.

Q: Lorsque nous réalisons Dieu, est-ce seulement une partie de Dieu ou la totalité de Dieu?

MM: La réalisation est celle de la Déité totale, pas d'une partie.

Q: Peut-on atteindre la libération en une seule vie?

MM: Cela prend de nombreuses vies et une pratique spirituelle ardue. Il n'est pas bon de trop penser à la réalisation. Faites votre pratique pour l'amour du Divin, et pas dans un but de libération.

Q: Pourriez-vous décrire la libération? Certains croient que la personne réalisée devient comme une pierre, sans sentiment.

MM: La réalisation, c'est le sentiment absolu, l'absolue liberté de tout aimer et de tout connaître. C'est l'homme non-réalisé qui est comme une pierre, sans sentiment; l'homme réalisé est comme l'oiseau, tout de vie, de véritable énergie et de beauté.

Q: A quoi ressemble l'homme réalisé?

MM: Il est comme l'enfant – en paix, dans le ventre de la Mère, sachant qu'il est nourri à chaque instant par la grâce et la Lumière de la Mère Divine.

Q: Toutes les descriptions de l'illumination dans les diverses religions se réfèrent-elles à la même chose?

MM: Les diverses religions peuvent utiliser diverses techniques, mais en fin de compte elles atteignent le même but.

Q: Qu'est-ce que la sahaja?

MM: Normalement, les humains font toujours la différence entre où Dieu se trouve et où Il ne se trouve pas – dans la sahaja, tout est ressenti comme étant Dieu.

Q: Y a-t-il un moment spécifique où une personne devient réalisée?

MM: Il y a de nombreux éveils pendant le processus. Mais il n'y a jamais de fin à la réalisation. Vous devez constamment vous souvenir que vous allez de l'avant, et n'être attachés à rien. Le voyage n'a pas de fin. Les qualités positives du mental peuvent être étendues à l'infini. Vous devez vous ouvrir de plus en plus, devenir de plus en plus aimants, de plus en plus paisibles, de plus en plus équilibrés, de plus en plus harmonieux.

Q: Qu'est-ce que la réalisation complète?

MM: La réalisation complète, c'est la fusion avec Paramatman. Vous pouvez réaliser Paramatman sans vous fondre en lui, alors que vous êtes encore dans un corps. Mais la réalisation totale se produit après la mort, lorsque vous n'avez plus de corps; la fusion, c'est la fin de toutes les vies – vous ne revenez plus jamais. Mis à part quelques rares exceptions, il est normal pour la plupart des êtres de fusionner et de ne pas revenir.

Q: Qu'advient-il de tout ce développement des corps lorsque nous fusionnons avec Paramatman? N'est-il plus d'aucune utilité?

MM: C'est exact, à moins que Paramatman ne vous envoie à nouveau pour une tâche particulière. Alors ce développement est utile. Au moment de la mort, la personne réalisée peut choisir de ne pas fusionner et de retourner pour aider les autres.

Q: Dans la voie bouddhique mahayana, il y a un désir profond de devenir un bouddha pour le bien des autres et de retourner les aider. Qu'en pensez-vous?

MM: Se fondre dans le Divin est essentiel. Après cela, tout est Paramatman; nous n'existons plus et ne faisons que ce que Paramatman nous demande. Si Paramatman nous demande de retourner, alors nous le ferons. Nous n'avons pas de souhait qui nous soit propre.

Q: J'ai lu dans un livre que l'on peut réaliser le Divin en une heure.

MM: Avec la grâce divine, on peut réaliser le Divin en une seconde.

TRAVAILLER DANS LE MONDE

Q: Quelle est la meilleure façon de vivre?

MM: La façon dont vous vivez n'a pas d'importance – vous pouvez mener une vie normale; il n'est pas nécessaire de consacrer votre vie entière au Divin. Mais quoi que vous fassiez, essayez de vous souvenir du Divin autant que possible. Votre seul but devrait être de toujours aspirer à Dieu.

Q: Dois-je quitter mon emploi et ma famille pour faire votre travail?

MM: Non. La sadhana peut se faire dans le cadre d'une vie de famille. Les gens doivent rester où ils sont, tourner toute leur attention vers le Divin et s'ouvrir à la Lumière. Tout est là. Vous n'avez pas besoin d'être près de moi physiquement pour faire mon travail. Où que vous soyez, si votre aspiration est sincère, je serai avec vous.

Q: Je préférerais ne pas être du tout dans le monde, mais plutôt passer mon temps en méditation. Qu'en pensez-vous?

MM: En général, je recommande un équilibre entre la vie dans le monde et la vie spirituelle. Il faut aimer le monde et ses gens, et ne pas éprouver de répulsion à leur égard. Le monde n'est pas mauvais – le Divin est partout. Seulement, nous ne sommes habituellement pas assez bons pour vraiment voir le monde.

Q: Ne pourrais-je pas me retirer du monde et vivre d'une allocation de l'état?

MM: Ce n'est pas bon de vivre de l'argent des autres. Cela accroît votre karma.

Q: Mais si je ne perçois qu'un petit montant de l'état?

MM: Le karma, c'est le karma, cela n'a rien à voir avec la notion de petit ou plus petit, plus grand ou davantage.

Q: Je ne peux pas vivre dans le monde et vous suivre.

MM: Vous devez apprendre à assumer les deux mondes.

Q: N'est-il pas préférable de trouver une situation dans laquelle on n'aurait pas à travailler, de manière à pouvoir se consacrer totalement aux choses spirituelles?

MM: Je n'accepte pas que les gens ne travaillent pas. Tout le monde doit travailler. Je travaille. Chacun doit faire ce qu'il peut. Nous ne sommes pas à une époque où les gens peuvent se retirer du monde. C'est une époque où il faut travailler avec

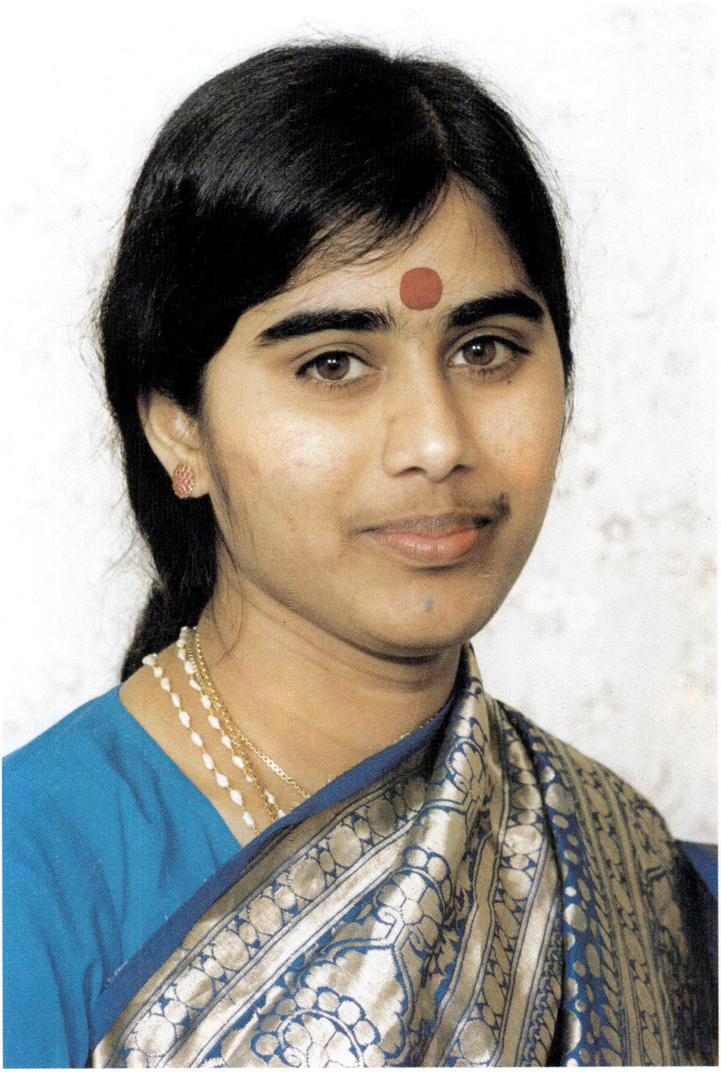

N° 10
En Allemagne à Thalheim (1984)

la force et l'amour du Divin DANS le monde. Je n'accepte pas que des gens, quel que soit leur âge, viennent ici simplement pour être avec moi. Je veux que les gens aillent et viennent. Quand les gens se consacrent vraiment au Divin, il n'y a pas de différence entre l'action et la prière.

Q: Recommandez-vous la vie d'ashram?

MM: Non. Les ashrams ne m'intéressent pas. Cela ne m'intéresse pas de fonder un mouvement pour des gens qui ne veulent pas travailler, qui ne veulent que rester assis à penser à ce qu'ils croient être Dieu. Les gens doivent continuer à mener une vie normale. La vie de famille est un excellent endroit pour accomplir mon œuvre. Elle apprend aux gens à ne pas être égoïstes. Je veux que les gens soient forts, autonomes et désintéressés, et qu'ils contribuent au monde avec leurs talents et leurs dons quels qu'ils soient. Je veux qu'ils travaillent. Toutes les vieilles séparations entre "sacré" et "profane" sont fausses. Tout est divin. Tout. Tout est Dieu. Tout le monde doit en prendre conscience.

Q: Certains pensent que le travail intellectuel est plus digne que le travail manuel, que le travail spirituel est une chose, et le travail dans le monde une autre.

MM: Cela n'est pas vrai. Il n'y a pas de différence. Pour moi, il n'y a aucune différence entre les formes de travail quelles qu'elles soient.

Q: Recommandez-vous des retraites pour la pratique du japa et d'autres méditations?

MM: Le Divin est partout. Il n'est pas nécessaire d'aller en retraite. Mais il n'y a pas de règle rigide à cet égard – si quelqu'un désire y aller, c'est bien aussi.

Q: L'important n'est-il pas de simplement faire son travail, comme une partie de notre sadhana et avec la même attention?

MM: Oui, vous devez attacher la même importance à votre travail et à votre sadhana, et puis les équilibrer.

Q: Si je me concentre trop fortement sur le Divin pendant que je travaille, ne vais-je pas perdre contact avec le travail et être inefficace?

MM: Non. Si l'on pense au Divin, le travail "se fait", en quelque sorte, plus spontanément et plus harmonieusement. Si l'on approche le travail uniquement avec le mental, bien des choses peuvent échouer.

Q: Est-il égoïste d'attacher de l'importance à notre vie spirituelle ou devrions-nous essayer d'aider les autres?

MM: Le mieux est toujours d'aider les autres. Mais l'équilibre et la synthèse sont importants. Ne vous concentrez pas sur une seule direction.

Q: Qu'est-ce que la vie parfaite?

MM: Réaliser le Divin est la seule vie parfaite.

LES RELATIONS HUMAINES

Q: Qu'est-ce que l'amour?

MM: Faire inlassablement pour les gens ce dont ils ont besoin sans rien attendre en retour, ça, c'est l'amour.

Q: L'amour humain fait-il partie de l'amour divin?

MM: Aucun amour ne vient sans la grâce divine.

Q: Lorsque les gens tombent amoureux, ils ont souvent l'impression que leur amour va vers tout le monde. Est-ce utile, spirituellement?

MM: Tomber amoureux et faire l'expérience de cette capacité accrue d'aimer constitue une aide lorsqu'il s'agit de vivre dans le monde, mais il ne faut pas confondre cela avec la spiritualité. La capacité d'aimer un grand nombre d'êtres humains ne veut pas nécessairement dire qu'il vous sera plus facile d'aimer le Divin. Mais tomber amoureux n'est pas une mauvaise chose – certaines personnes en deviennent reconnaissantes au Divin. D'autres oublient tout simplement le Divin.

Q: L'amour humain, même le plus profond, est-il un attachement?

MM: Aimer un être humain est un attachement; aimer le Divin est aussi un attachement. L'amour, c'est l'amour. Si nous savons comment aimer, nous pouvons nous aimer les uns les autres et aussi aimer le Divin. L'amour vient spontanément et n'a ni règles ni réglementations; il faut lui laisser la liberté de grandir.

Il n'est pas obligatoire de m'aimer. Si vous aimez quelqu'un d'autre, l'amour viendra vers moi.

Q: L'amour pour sa famille conduit-il à l'amour de Dieu?

MM: Si un homme apprend à aimer convenablement sa femme et son enfant, il prendra l'habitude de l'amour, il apprendra à commencer à être désintéressé. Alors, il pourra tourner son cœur vers Dieu.

Q: Quelle est l'importance spirituelle de la vie de famille?

MM: Une famille calme et harmonieuse constitue une grande réalisation spirituelle, de même qu'un vrai mariage. Cela exige de chacun beaucoup de travail et de sacrifice. Le monde est une famille. La véritable perception, c'est de se voir comme un membre de cette famille et de considérer chacun comme un parent, une partie de vous-même. Cette perception est celle à laquelle travaillent aussi le moine et le sannyasin. S'ils se retirent de la vie de famille, il faut que ce soit pour découvrir que le monde est une famille. Sans cela, leur recherche est égoïste et n'est pas éclairée.

Q: Est-il plus facile pour une personne seule de faire la sadhana?

MM: La question n'est pas de savoir si vous êtes marié ou non, mais si vous êtes ou n'êtes pas sincère. Si deux personnes dans une relation fixent réellement leur attention sur le Divin et sont faites l'une pour l'autre, leur progrès peut être plus rapide encore que celui d'une personne seule, parce qu'ils sont complémentaires.

Q: Pourquoi le développement spirituel est-il difficile pour le chef de famille?

MM: Nous avons tendance à accorder trop d'importance à la famille et à nous laisser absorber par les problèmes. Si nous sommes moins attachés et que nous offrons le fruit de nos actions au Divin, alors nous pouvons observer les obstacles, en être les témoins.

Q: Comment pouvons-nous juger si un mariage aide ou non au progrès spirituel?

MM: S'il n'y a pas d'harmonie dans un mariage, il n'y a pas de croissance. L'harmonie est un signe évident de bien-être spirituel. Là où jalousie et colère sont absentes, il y a harmonie. Ce n'est pas là un état particulièment élevé, c'est simplement du bon sens.

Q: Devrions-nous essayer de reconnaître le Divin en chacun, même les pires criminels?

MM: De voir le Divin en tout est mieux, mais c'est difficile à réaliser.

Q: L'amitié peut-elle être un obstacle à la pratique spirituelle?

MM: Si vous tournez votre amour et votre affection vers le Divin, alors tout ira bien.

Q: Mon ami est-il utile à ma sadhana? Devrais-je poursuivre cette amitié ou l'éviter?

MM: Il n'est pas nécessaire d'abandonner cette amitié. Aucun être humain n'est parfait. Pour vivre une vie harmonieuse, nous devons respecter les sentiments des autres. Si nous coopérons avec les autres, il n'est pas nécessaire de vivre seul pour réaliser le Divin.

Q: Vos devotees ont-ils une relation particulière les uns aux autres?

MM: Il n'y a pas de relation karmique particulière, mais ils sentent qu'ils sont une immense famille – des enfants avec leur Mère.

LA SEXUALITÉ

MM: Ne confondez pas amour humain et amour divin. Renoncez au désir lorsqu'il s'en va de lui-même. L'abandon du désir doit découler de la joie, pas de la souffrance. Ce que je veux, c'est que vous progressiez de la joie partielle vers la joie complète et parfaite.

Q: Quelle devrait être mon attitude à l'égard de la sexualité?

MM: Le travail se fait plus rapidement et de façon plus pure si vous êtes capable de vivre sans sexualité et au-delà du désir. Mais très peu de gens y arrivent et, pour beaucoup, il est extrêmement dangereux de chercher à transcender la sexualité avant d'y être prêts. Ce qui est essentiel, ce n'est pas d'y renoncer, mais de l'offrir.

Q: Je me sens prêt à renoncer à la sexualité. Mais j'ai entendu dire que cela pouvait être dangereux. Qu'en pensez-vous?

MM: Si la décision d'abandonner la sexualité vient véritablement de l'intérieur, c'est bien.

Q: Beaucoup de gens qui aspirent à une vie spirituelle se posent des questions à propos de la sexualité. Ceux qui s'engagent sur une voie spirituelle doivent-ils exclure la sexualité de leur vie?

MM: La sexualité n'est pas du tout importante dans la spiritualité. Une personne spirituelle peut choisir d'avoir ou non des relations sexuelles. Spiritualité et sexualité sont des choses différentes.

Q: Que pensez-vous des divers choix de relations possibles – mariage, célibat, homosexualité etc..?

MM: En général, un homme qui est un homme, a une vie de famille. Les gens qui croient que le sexe entre hommes et femmes n'est pas bien, ne doivent pas croire que l'homosexualité ou la masturbation sont mieux ou spirituellement supérieures – ce n'est pas vrai. Le sexe, c'est le sexe.

Q: L'extase sexuelle aide-t-elle les gens à comprendre l'extase spirituelle?

MM: Non. Cette idée est fondamentalement erronée. Le plaisir que deux personnes génèrent entre elles n'a aucune signification spirituelle.

Q: Le sexe peut-il être une voie vers l'illumination?

MM: Pas en soi. Ce qui est important, c'est d'éprouver une sincère dévotion à l'égard du Divin. Que vous soyez marié ou célibataire dépend de votre relation au Divin. Le mariage n'est pas un obstacle à l'illumination. Si le mariage fait partie de votre karma, vous n'y échapperez pas.

Q: Les devotees mariés peuvent-ils vous offrir leurs ébats amoureux? Cela les sanctifiera-t-il?

MM: Oui. Tout peut être offert. S'ils offrent réellement, la bénédiction leur est donnée.

LES ENFANTS

Q: Quel est le meilleur moyen d'enseigner Dieu aux enfants?

MM: Il n'est pas nécessaire d'enseigner aux enfants – la conscience de Dieu est dans le sang. Souvent les enfants reçoivent davantage de Lumière parce qu'ils sont plus ouverts.

Q: Comment pouvons-nous encourager la spiritualité de nos enfants?

MM: S'ils le souhaitent, les parents peuvent enseigner aux enfants leur propre chemin, quel qu'il soit.

Q: Ma fille a sept ans. Est-ce trop tôt pour enseigner à un enfant ce qui touche au Divin?

MM: Ne la forcez pas, mais vous pouvez lui apprendre. Elle est trop jeune, cependant, pour qu'on lui enseigne la méditation. Vous pourrez le faire quand elle aura environ douze ans.

Q: Quand l'âme entre-t-elle dans un fœtus?

MM: Cela dépend de la volonté de l'entité qui s'incarne, et aussi des pensées qu'ont les parents pour l'enfant.

Noir-et-blanc n° 7
En Inde à Pondichéry (1979)

Q: Que pensez-vous de l'avortement?

MM: Toutes les causes de perte d'une grossesse peuvent être considérées comme des avortements. Nous ne pouvons généraliser quant à savoir si l'avortement est bon ou mauvais; cela dépend des circonstances et des motivations. Avoir trop d'enfants peut signifier la pauvreté pour la famille ou un manque d'instruction. Ce serait une punition pour les autres enfants. De manière générale, il n'est pas bon d'obliger les gens à avoir des bébés non désirés.

Q: Y a-t-il une signification dans le fait d'être des jumeaux?

MM: Dans une vie antérieure, les deux personnes ont beaucoup souffert lorsqu'elles furent séparées, de sorte qu'à présent elles s'incarnent ensemble.

Q: Lorsque mon enfant était très déprimé, j'ai prié de pouvoir prendre sur moi sa dépression. Son état s'est rapidement amélioré et moi, je suis tombé dans une dépression profonde. Est-il possible que j'aie réellement pris sur moi sa dépression?

MM: Oui. Ce genre de chose arrive souvent, particulièrement entre parents et enfants.

Q: Qu'arrive-t-il au karma d'une personne si quelqu'un prend sur lui sa peine? Comment tire-t-il alors de cet événement douloureux la leçon qu'il était censé apprendre?

MM: Il devra de toute façon traverser cette souffrance à un moment ou l'autre. Le mieux est de prier le Divin d'accorder son aide.

Q: A quoi sert-il alors de prendre sur soi la souffrance d'autrui s'ils doivent de toute façon passer par cette souffrance plus tard?

MM: Lorsque des gens vivent ensemble au sein d'une famille, il est courant que la souffrance de l'un soit prise en charge par d'autres. Si quelqu'un souffre d'une disposition à la dépression, par exemple, cela ne cessera de revenir. Si le parent prend sur lui une bonne part de la dépression, l'enfant n'aura pas à souffrir autant par la suite. Lorsque les crises de dépression reviendront, il aura eu un répit, de sorte qu'il lui sera plus facile de les affronter.

LES ÉMOTIONS

Q: Quelles sont les bienfaits et les dangers des émotions?

MM: Généralement les émotions sont superficielles, elles sont en surface, et elles bloquent une descente plus profonde en soi. Dans cette mesure, les émotions ne présentent aucun avantage, rien que des inconvénients. Elles perturbent notre capacité à être sereins.

Q: Il semble que l'on ait besoin de sérénité pour faire face aux événements auxquels nous sommes confrontés dans la vie.

MM: C'est très important. Vous devez être calme. Rien ne doit vous faire peur; rien de ce que vous vivez ou ressentez ne devrait vous ébranler. Pour cela, toute votre concentration doit être tournée vers Dieu.

Q: La peur semble être terriblement destructrice. A-t-elle la moindre valeur?

MM: Lorsque nous avons peur, nous demandons l'aide divine, de sorte que la peur nous aide à nous souvenir du Divin.

Q: Quelle est l'importance de l'humour, sur le chemin?

MM: Il fait autant partie de la vie que la tristesse ou n'importe quoi d'autre. Ceux qui ont de l'humour verront peut-être plus facilement leurs propres fautes.

Q: On apprend aux Occidentaux qu'ils doivent être durs, en croyant que cela les rendra forts.

MM: Cependant, dur ne veut pas dire fort. L'amour, lui, rend fort. Seul l'amour enraciné en Dieu est fort il peut tout supporter.

Q: Les gens, en Occident, paraissent si intolérants les uns envers les autres.

MM: En Inde, beaucoup plus qu'ici en Occident, les gens acceptent leurs faiblesses mutuelles. En Inde, si quelqu'un n'est pas fort, il n'a pas à l'être. Si une personne n'est pas très intelligente, on l'accepte. Il y a place pour chacun.

Q: J'ai honte de la colère que j'éprouve pour une certaine personne.

MM: A quoi bon avoir honte? Vous devez regarder cette colère en toute simplicité. Le mieux est de ne pas se mettre en colère du tout, mais si vous devez vous mettre en colère, essayez d'en faire don. Si la personne ne change pas, détachez-vous calmement de lui ou d'elle, et abandonnez votre colère. Quoi que vous fassiez, ne vous laissez pas absorber par celle-ci.

Q: Le Dalaï Lama a écrit que nous devrions tout particulièrement respecter nos ennemis parce qu'ils nous enseignent la patience et le pardon. Est-ce exact?

MM: Jésus aussi a dit cela, et c'est une grande vérité. Il est facile d'aimer ses amis. Lorsque vous découvrez en vous une profonde compassion pour vos ennemis, c'est que vous faites réellement des progrès et que vous apprenez le pouvoir de l'amour.

Q: Que dois-je faire de mes sentiments négatifs?

MM: Vous pouvez tout m'offrir, bon ou mauvais. Il vaut mieux ne pas vous attarder sur les choses négatives que vous avez faites. Vous devez continuer et essayer de faire mieux la prochaine fois. Détester les mauvaises gens ne les changera pas, ce qui les change, c'est de les aimer.

Q: Que dois-je faire lorsque les gens me blessent?

MM: Priez immédiatement pour qu'ils changent, et envoyez-leur de l'amour. Votre peine deviendra joie. C'est une méthode très puissante pour transformer l'ego.

Q: Que faut-il faire lorsque le mental est envahi de pensées négatives qui se succèdent sans fin?

MM: N'oubliez jamais de prier Dieu. Elles s'arrêteront.

LA NOURRITURE

Q: Recommandez-vous un régime végétarien?

MM: Je ne demande pas aux devotees de ne pas manger de viande. Si la viande convient au corps de quelqu'un et l'aide à être fort, alors il n'y a pas de problème à en manger. En règle générale, si quelque chose convient à votre corps, alors mangez-en. Etre spirituel ne signifie pas détruire tout désir. Il est bon de combler les désirs qui vous fortifient et qui rendent les autres heureux. Quant à savoir quels sont les désirs qu'il faut satisfaire, cela varie d'une personne à l'autre.

Q: Pourtant, manger de la viande implique que l'on fasse mal à des animaux.

MM: Certains chemins enseignent que de couper les légumes leur fait mal. Nous devons manger pour survivre – c'est un cercle vicieux. Certaines personnes, si elles ne mangent pas de viande, en souffriront – il y a donc souffrance dans les deux cas.

Q: Est-il utile de se livrer à certaines pratiques ascétiques telles que le jeûne?

MM: Le jeûne ne contribue pas au chemin spirituel. Mais si quelqu'un mange trop, il est préférable, pour des motifs physiques, de réduire les quantités consommées.

Q: En quoi la nourriture nous affecte-t-elle?

MM: Vous devez décider ce que vous aimez manger; cela n'affecte pas la réalisation du but spirituel.

LA MORT ET LA RÉINCARNATION

Q: Comment pouvons-nous nous préparer à la mort? La mort est-elle différente pour les personnes qui ont suivi un chemin spirituel?

MM: Ne vous appesantissez pas sur la mort; nous ne pouvons pas vraiment nous préparer. Mais tant que nous sommes en vie nous devrions faire le japa autant que possible et nous souvenir du Divin – cela contribue à rendre la mort plus douce. La douceur du Divin continuera après la mort. Quant à ceux qui n'ont pas suivi une voie spirituelle, ils ont la possibilité, au moment de la mort, de réaliser combien Dieu est précieux et combien leurs vies ont été vides. Si l'aspiration vers Dieu qu'ils ont en mourant est suffisamment intense, le résultat peut être le même que pour celui qui a cherché. Peut-être ces gens ont-ils intensément pratiqué dans des vies antérieures et cela leur revient au moment de la mort. Ils ont alors la possibilité de réaliser le Divin.

Q: Comment pouvons-nous aider les gens quand ils meurent?

MM: Priez pour qu'ils aient une existence tranquille après la mort.

Q: Où allons-nous au moment de la mort?

MM: Nous irons là où nous voudrons aller. Le souhait au moment de la mort, de même que les actions passées de notre vie déterminent notre expérience future.

Q: Serons-nous conscients de votre aide dans l'état d'après-mort?

MM: Oui, j'apporterai mon aide dans cet état d'après-mort et vous serez conscients que c'est moi qui vous aide.

Q: Qu'arrive-t-il à l'âme après la mort?

MM: Dans l'état d'après-mort, l'âme continue de se développer. Après la mort, certaines âmes vont directement au Divin, tandis que la plupart éprouvent un certain attachement pour leur corps, de sorte qu'elles naissent à nouveau dans un corps physique. Comme on ne peut combler ses désirs dans le monde subtil, on doit reprendre un corps tant que l'on a des désirs. Certaines âmes développées, comme M. Reddy, peuvent garder leurs parfaits corps subtils, de manière à aider les autres.

Q: Que représente la silhouette principale dans vos peintures sur l'état d'après-mort?

MM: Ce qui est représenté, c'est la forme de l'âme de M. Reddy, son corps subtil de lumière. Je ne fais que peindre ce que je vois.

Q: Quel est l'effet du suicide sur le karma d'une personne?

MM: Le suicide ne met pas fin au travail qui doit être fait dans cette vie – le travail devra se poursuivre dans la vie suivante. Il vaut mieux terminer ce que nous avons à faire maintenant, dans cette vie. En cas de suicide, le corps meurt, mais la personnalité est agitée, et cet état d'agitation demeure à la naissance suivante.

Q: Est-il préférable d'enterrer ou d'incinérer un cadavre?

MM: Du point de vue des vivants, il est préférable d'enterrer le corps d'un être cher, parce que l'existence d'une tombe, donne une plus forte impression de présence du disparu que ne le fait une petite urne de cendres. Le souvenir, alors, vivra encore dans la tête et dans le cœur. Cependant, certaines religions croient que la crémation brûle non seulement le corps mais aussi une partie du karma négatif.

Q: Les gens se rendent pendant des années sur les tombes de ceux qu'ils aimaient. N'est-ce pas ridicule, puisque l'âme peut déjà s'être réincarnée ailleurs?

MM: Non, même dans ce cas, il reste quelque chose de la personne – une vibration physique.

Q: Pourquoi est-il nécessaire de se réincarner?

MM: Nous ne pouvons accomplir l'union avec Dieu en une seule vie.

Noir-et-blanc n° 8: Mr. Reddy, Mère Meera et Adilakshmi en Inde à Pondichéry (1979)

Q: Je crois que, dans une vie antérieure, j'ai été un certain personnage historique au sujet duquel j'ai lu quelque chose. Est-ce exact?

MM: Non. Vous avez cette impression tout simplement parce que vous avez un certain rapport avec cette personne.

Q: Comment étaient mes vies antérieures?

MM: Oubliez le passé. Vivez dans le présent et souvenez-vous du Divin.

LE PÉCHÉ

Q: Qu'est-ce que le péché?

MM: Il n'y a qu'un seul péché, et c'est de ne pas aimer assez.

Q: Quel est le péché le plus grave?

MM: De haïr vos prochains ou d'autres personnes, de heurter et de ne pas respecter leurs sentiments.

Q: Partant de l'hypothèse que nous venons du Divin, d'où nous vient cette inclination à pécher?

MM: Nous ne cessons d'oublier que nous faisons partie du Divin; nous accordons de l'importance à l'ego. Nous croyons en notre propre importance et sommes, de ce fait, enclins à pécher. Si vous vous souvenez du Divin – pas seulement le Divin qui est en vous, mais la totalité du Divin – vous ne pécherez pas.

Q: Quelle est l'origine du péché?

MM: Oublier la totalité du Divin, c'est cela qui génère le péché. Le Divin est omnipotent, omniscient.

Q: La Mère pardonne-t-elle les péchés?

MM: Tout le monde devrait pardonner. Si nous ne pardonnons pas, nous ne pouvons être qualifiés d'humains; le pardon est une qualité fondamentale liée au fait d'être un être humain. Le pardon est aussi fondamental que l'amour. Toutefois, les lois et les châtiments sont nécessaires au maintien de l'ordre dans la société.

Q: Le Christ a sauvé des voleurs et des prostituées. L'Avatar a-t-il le pouvoir de changer une extraordinaire variété de personnes?

MM: Oui, l'Avatar a le pouvoir de changer n'importe qui et de transformer n'importe quel karma.

Q: Comment celui qui a fait du mal peut-il s'ouvrir à Dieu?

MM: L'aspiration et le repentir peuvent tout changer.

Q: Donc ce n'est pas ce que nous avons fait qui importe vraiment, mais la profondeur de notre dévotion à Dieu?

MM: Bien que le voleur ou la prostituée commettent de mauvaises actions, il ou elle peut donner un pur moment de concentration et de dévotion au Divin. Ce moment a plus de valeur que des heures passées assis en méditation à rêver à d'autres choses. Ce n'est pas la quantité du temps consacré à Dieu qui compte, mais son intensité et sa qualité.

LES FORCES DU MAL

Q: Y a-t-il une force qui agit contre le Divin?

MM: Oui.

Q: Les forces du mal ont-elles le contrôle du monde?

MM: C'est le Divin qui a le contrôle. Le Divin sait comment utiliser le mal. Les forces du mal sont très dangereuses mais très stupides. N'ayez jamais peur du mal – même dans les pires circonstances.

Le Divin est toujours là, il aide constamment – nous pouvons en faire l'expérience. Le mal est réel, mais il n'est pas la réalité finale. La réalité finale, c'est la Lumière et l'amour de Dieu. Enracinez-vous dans cette réalité, toujours et à chaque instant, et le mal s'écroulera autour de vous.

Q: Pourquoi y a-t-il du mal dans le monde?

MM: Cela provient du manque de cœur. Quand le cœur grandit, alors il y a de la générosité.

Q: Quelle est la raison de l'existence du mal?

MM: Le mal aide l'homme à grandir. Il l'aide à se développer. Il le confronte aux conséquences de ses propres choix. Il le fait se détourner des jouets de ce monde et lui fait rechercher son propre soi, sa vraie nature.

Q: Un résultat positif peut-il découler d'une mauvaise action?

MM: En faisant le mal, le méchant peut s'éveiller. Toutes choses sont possibles.

Q: Que ressentez-vous lorsque vous voyez une personne qui a fait beaucoup de choses horribles?

MM: Je ne vois pas seulement une personne, mais de nombreuses autres derrière – il faut prendre en compte tout l'ensemble. Mon amour est destiné à tous – j'aime les bons et les mauvais.

Q: Si Hitler et Saddam Hussein venaient à vous, leur donneriez-vous votre darshan?

MM: Oui.

Q: Avez-vous l'expérience des démons?

MM: Oui, mais cela ne présente d'intérêt que pour ceux qui travaillent avec la Lumière. Ce n'est pas nécessaire d'expliquer cela aux humains. C'est l'affaire du Divin. Pour écarter les démons, ayez foi dans le Divin. C'est tout ce dont vous avez besoin.

LA SCIENCE, LA TECHNOLOGIE ET L'AVENIR

Q: Quelle est votre attitude à l'égard de la technologie occidentale?

MM: Ce qui importe, ce n'est pas de refuser ce que l'Occident a accompli – il a accompli de grandes choses en médecine, en physique, en science, en technologie. Ce qui importe, c'est de donner une direction à ces choses en partant d'un niveau de conscience plus élevé, c'est d'utiliser tout ce savoir pour aider le monde à se sauver lui-même.

Q: L'usage de la science et la croyance erronée en son pouvoir n'ont-ils pas été très dangereux?

MM: Il est dangereux de croire en tout pouvoir autre que celui du Divin. Mais tous les pouvoirs peuvent être utiles lorsqu'ils sont informés par la conscience divine, guidés par l'amour. La science est une grande chose, et quelques-uns des plus grands hommes de science sont proches du divin. S'ils faisaient un seul pas vers la Lumière, la Lumière se révélerait à eux. Les plus grands hommes de science sont humbles – peut-être plus humbles que les artistes ou les philosophes – parce qu'ils sont habitués aux choses qu'ils ne peuvent pas voir. Et parce que tout ce qu'ils découvrent leur révèle mystère sur mystère.

Q: Les hommes de science vont-ils renoncer à se poser en porteurs de sagesse et réaliser que Dieu existe?

MM: De nombreux hommes de science reçoivent ma Lumière. La science ne va pas continuer dans la même voie; il y aura une progression naturelle vers une approche plus spirituelle.

Q: L'évolution future de l'homme dans des milliers d'années sera-t-elle très différente?

MM: Les humains resteront semblables mais la technologie sera différente.

Q: Le monde, dans l'avenir, restera-t-il matériel?

MM: La matière existera toujours. Mais, en nous, il y aura plus d'amour.

LA CRISE MONDIALE

Q: Ce moment-ci est-il particulièrement dangereux pour la Terre?

MM: Il y a toujours quelques problèmes, mais il n'y a pas de risque que ceux-ci détruisent le monde.

Q: Pour que l'humanité ait une chance de survie, il semble que des décisions capitales doivent être prises au niveau mondial dans les vingt prochaines années dans les domaines de l'environnement et de l'armement nucléaire. Est-ce vrai? Et ces décisions seront-elles prises?

MM: Le Divin accordera toujours sa protection. Les humains font beaucoup d'erreurs mais Dieu les protège, les aide, leur pardonne et les excuse. C'est ainsi qu'agit le Divin.

Q: Et la destruction nucléaire?

MM: Lorsque la grâce divine est sur l'homme, aucune énergie créatrice produite par l'homme ne peut détruire le monde. Dieu n'est pas aveugle et il surveille la situation. La destruction de l'humanité est une idée humaine, pas une idée divine.

Q: Beaucoup de gens disent que dans les prochaines années la civilisation occidentale telle que nous la connaissons va s'effondrer.

MM: Il y a toujours des changements, mais aucun grand effondrement ne se prépare.

Q: L'Occident peut-il comprendre votre Lumière avant qu'il ne soit trop tard?

MM: L'Occident EST en train de comprendre. Sinon comment pourrais-je y vivre?

Q: Le Divin ne travaille-t-il pas aussi par la destruction afin d'ouvrir la voie pour quelque chose de neuf?

MM: Ce n'est pas ainsi que cela se passe. Le Divin nous rend conscients de nos erreurs. Parfois, cela fait mal. Mais le Divin ne détruit pas de la façon que vous suggérez – le Divin est amour. Quatre-vingt-dix-neuf pour cent de la destruction est causée par les êtres humains. Les gens doivent reconnaître leur responsabilité.

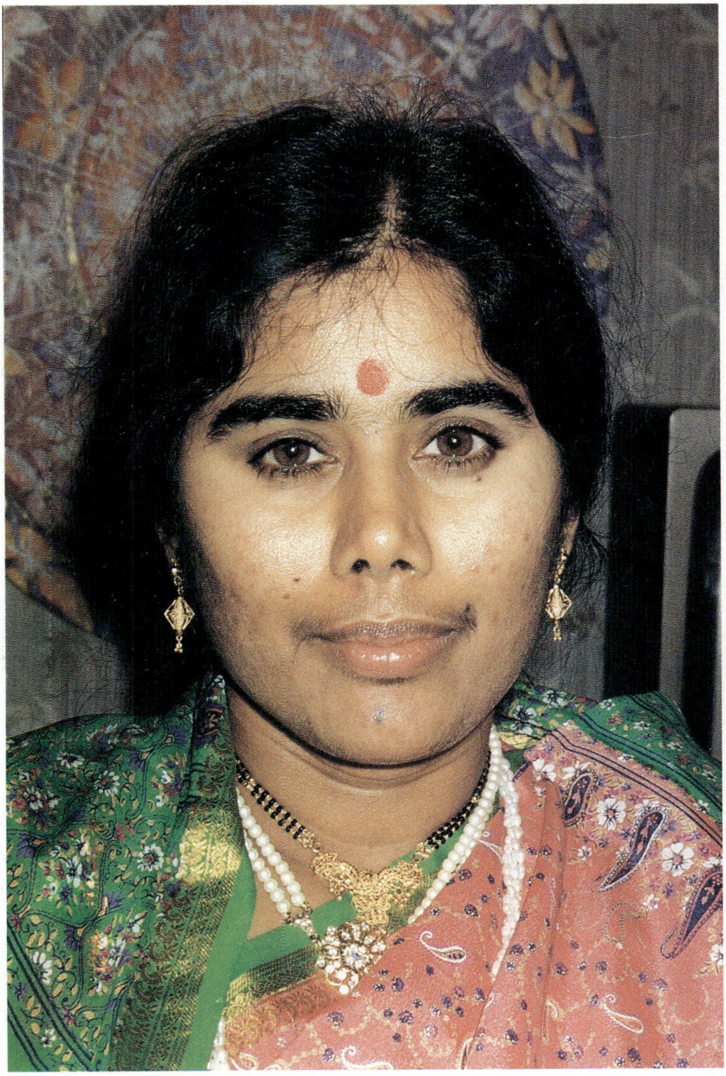

N° 16
En Allemagne à Thalheim (1993)

Q: Comment voyez-vous tous ces différents peuples en conflit dans le monde?

MM: Le monde, pour moi, c'est ma famille. Le monde EST réellement une famille; seulement, le mental ne le voit pas encore. Mais les gens sont en train de s'éveiller.

Q: Pourquoi certains pays souffrent-ils plus que d'autres?

MM: C'est le karma. Même dans les pays prospères, il y a de la souffrance, mais d'une nature différente.

Q: Pourquoi y a-t-il tant de souffrance dans le monde?

MM: C'est normal, c'est habituel.

Q: Combien de temps les conflits dans le monde vont-ils durer?

MM: Aussi longtemps qu'il y aura un monde, il y aura des conflits – mais les choses s'améliorent.

Q: Qu'en est-il de la théorie de l'effet de groupe, à savoir que, si un nombre suffisant de personnes méditent au même moment en un même endroit, cela protégera l'environnement?

MM: Une seule personne peut protéger le monde entier.

Q: Comment la paix dans le monde survient-elle?

MM: La paix dans le monde est réalisée par le Divin.

Q: Comment l'harmonie peut-elle survenir dans le monde?

MM: Nous ne devons pas croire que notre propre religion ou notre pays sont meilleurs que les autres. Si nous aimons et respectons chaque individu tel qu'il est, l'harmonie viendra.

Q: Pouvez-vous me parler des situations critiques dans le monde?

MM: Comment savez-vous qu'il y a des situations critiques?

Q: Je lis les journaux.

MM: Le temps que vous passez tous les jours à lire les journaux, il serait nettement préférable que vous le consacriez à prier le Divin pour la paix dans le monde.

Q: L'imperfection des humains ne met-elle pas en danger l'avenir de l'humanité et la vie sur terre?

MM: Dieu a créé des êtres humains non pas imparfaits, mais normaux. Toutefois, il accorde à l'être humain la permission de faire ce qu'il veut. A mesure que les humains grandissent, ils font les choses en fonction de leurs propres pensées et non en fonction de la volonté de Dieu. Dieu nous donne la possibilité d'utiliser notre intellect dans un but d'harmonie; si nous en faisons mauvais usage à des fins destructrices, Dieu nous donne la possibilité de changer. Dieu nous permettra de continuer à agir de la sorte jusqu'à ce que la situation devienne critique. Alors, Il nous arrêtera – ce que nous essayerons de faire ne marchera pas. Le Divin interviendra, mais pas de manière destructrice. La grâce divine opère sans cesse mais en cas de crise le degré d'intervention divine est beaucoup plus grand.

Q: Les gens ne sont-ils pas trop impuissants pour réellement lutter contre les média, les hommes politiques, etc..?

MM: Les gens peuvent faire beaucoup s'ils se tournent vers le Divin et deviennent un canal par lequel Il peut agir sans rencontrer d'obstacles.

Q: Y aura-t-il vraiment un bond en avant dans l'évolution de l'homme au sortir de cette crise?

MM: L'homme doit travailler à la réalisation de ce bond en avant. L'homme doit devenir conscient, il doit avoir soif de se transformer, il doit désirer ce bond en avant pour qu'il se produise. L'aspiration et le travail sont tout. Mon aide est toujours dispensée, mon aide et ma Lumière.

Q: Que puis-je faire pour que progresse la paix dans le monde?

MM: Priez-Le pour qu'il y ait la paix. Faites descendre la Lumière dans votre vie, afin que vous puissiez faire Son travail de paix dans le monde. Comprenez que la douleur du monde ne sera guérie que lorsque le monde sera transformé en Dieu, et travaillez de tout votre cœur et de tout votre être pour que cela s'accomplisse. Que rien ne vous distraie de ce travail.

CONTRIBUER AU TRAVAIL DE LA MÈRE

Q: Que puis-je faire pour aider votre travail?

MM: Réalisez-vous.

Q: Comment les gens peuvent-ils contribuer à votre travail?

MM: Ils peuvent aider en recevant la Lumière et en la laissant les changer. Ils doivent être sereins et harmonieux. Etre harmonieux, cela veut dire être complet; aimer les autres et, de ce fait, apprécier votre vie; vous connaître vous-même et connaître vos difficultés, et vous servir d'elles pour vous libérer et aider les autres; c'est aussi respecter la dignité des autres. L'humilité engendre l'harmonie. Une personne humble est intégrée dans la réalité et est heureuse, parce que l'humilité apporte le bonheur.

Une fois que vous êtes ouvert, le Divin peut vous investir. Une fois que vous êtes changé, le Divin peut travailler à travers vous.

Q: Monter vers Dieu, n'est-ce pas comme gravir une montagne, avec différents chemins au pied de la montagne, qui tendent à se rejoindre lorsqu'on approche du sommet?

MM: Oui. Et lorsque vous arrivez au sommet de la montagne, vous devez redescendre pour aider les autres à monter, selon leurs capacités et leur force. On ne se repose jamais dans ce travail; le plus élevé sert avec un grand amour; le plus sage écoute le mieux; celui qui a vu donne sa vie entière pour aider les autres à voir. C'est ainsi qu'agit le Divin.

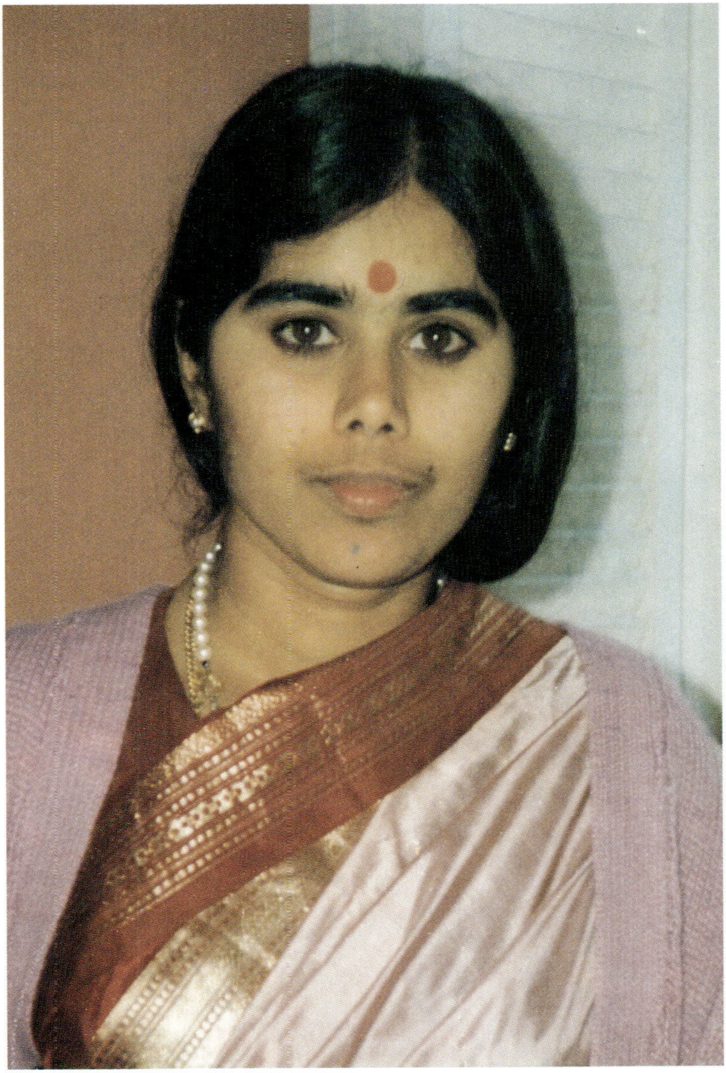

N° 25
Aux U.S.A. à New York City (1989)

INFORMATION POUR LE DARSHAN

Mère Meera donne 4 Darshans par semaine:
vendredi, samedi, dimanche et lundi soir à 19 h 00 (heure allemande). Entrée à partir de 18 h 15.
Réservations pour le Darshan: lun, mar, mer, jeu, ven et sam de 10 h à 17 h (heure allemande).
Tel: +49 (0) 6436 / 91050 & 91051 & 2305, Fax: 2361.
Service de Fax en dépôt: Vous pouvez télécharger les renseignements.
Fax: +49 (0) 6436 / 2361, +49 (0) 6432 - 508853.
La participation au Darshan est gratuite.
Les réservations sont indispensables et se font uniquement par téléphone. Appelez plusieurs semaines à l'avance, s'il vous plaît. Les visiteurs doivent pouvoir rester assis tranquille pendant deux heures et avoir une santé leur permettant d'assister au Darshan sans en perturber le silence. Les enfants ne sont pas autorisés à venir – ils reçoivent les bénédictions de Mère par l'intermédiaire de leurs parents. Venez habillé normalement, avec les cheveux lavés et des chaussettes propres.

Questions à Mère: par l'intermédiaire d'Adilakshmi ou d'une autre personne, par téléphone chaque ven, sam, dim et lun de 16 à 17 h (heure allemande). Tel. +49 (0) 6432 - 508833. Les lettres doivent être écrites en anglais ou allemand.

Adresse du Darshan:
Mère Meera
Schloss Schaumburg
65558 Balduinstein
Allemagne

Adresse postale:
Mère Meera
Oberdorf 4a
65599 Dornburg-Thalheim
Allemagne

Les **livres** suivants peuvent être obtenus aux adresses ci-dessus:
Réponses, Tome I par Mère Meera: en anglais, allemand, français, hollandais et tchèque.
Réponses, Tome II par Mère Meera: en anglais, allemand, français et tchèque.
La Mère par Adilakshmi: en anglais, allemand, français et hollandais.
Bringing Down the Light - Peintures de Mère Meera, en trois langues (anglais, allemand et français).
Des **photos** de Mère Meera sont disponibles dans différents formats : photos d'identité, 9x13 cm, 13x18 cm, et 20x30 cm .

Renseignements pour le Darshan de Mère Meera

Voyage en avion: Vol jusqu'à l'aéroport de Francfort, Hahn, ou Köln/Bonn.
Voyage en train de l'aéroport de Francfort à Limburg:
Billets pour Limburg/Balduinstein au «Reise-Zentrum» ou au distributeur, Terminal **1** sous la section **B**.
1) S - Bahn: Aéroport-Gare de Francfort
2) Francfort - Limburg/Lahn (changement possible à Niedernhausen)
3) A Limburg, prendre un omnibus ou un taxi jusqu'à Balduinstein ou votre destination.
Vous pouvez aussi prendre un train direct (**ICE**, Inter City Express) de l'aéroport de Francfort (Fernbahnhof) jusqu'à Limburg-Süd puis un taxi ou un omnibus jusqu'à Balduinstein ou votre destination (si vous voulez continuer par omnibus, il est nécessaire de prendre la navette de Limburg-Süd à Limburg-centre). Cette possibilité est beaucoup plus rapide mais plus chère.

En train depuis les autres directions:

Ligne Giessen-Limburg-Koblenz: Balduinstein est le 3ème arrêt après Limburg.
Vous pouvez aller à pied de Balduinstein à Schaumburg, mais sachez que c'est une montée de 30 mn environ. Une lampe de poche et de bonnes chaussures sont nécessaires. Il n'y a pas de transport en commun jusque Schaumburg.

En voiture: pour louer une voiture, il est préférable de négocier le prix, avant de partir de chez vous.
De l'aéroport de Francfort à Schaumburg (1 heure environ): Suivre l'A3 (Autoroute 3) en direction de Wiesbaden puis Köln (Cologne).
Du centre-ville de Francfort suivre l'A66 vers Wiesbaden puis l'A3 vers Köln.
1) Quitter l'A3 à Limburg-Süd > Limburg
2) Après le tunnel, tourner à gauche, prendre la B54 vers Bad Schwalbach/Diez.
3) A Diez, tourner à gauche après deux gros réservoirs rouge et blanc DEA vers la B54 > Bad Schwalbach/Katzenelnbogen.
4) A 1,5 km, tourner à droite en direction de Katzenelnbogen /Birlenbach.
5) A la sortie de Birlenbach, tourner à droite dans le virage (avec une séparation en béton) vers Balduinstein/ Schaumburg.
Le château apparaît sur la gauche après 1 km.

De Cologne (Köln): Quitter l'A3 à la sortie 41 Diez/Nassau. Tourner deux fois à droite vers Nassau/Eppenrod. Suivre Hirschberg > Langenscheid > Balduinstein > Schaumburg.

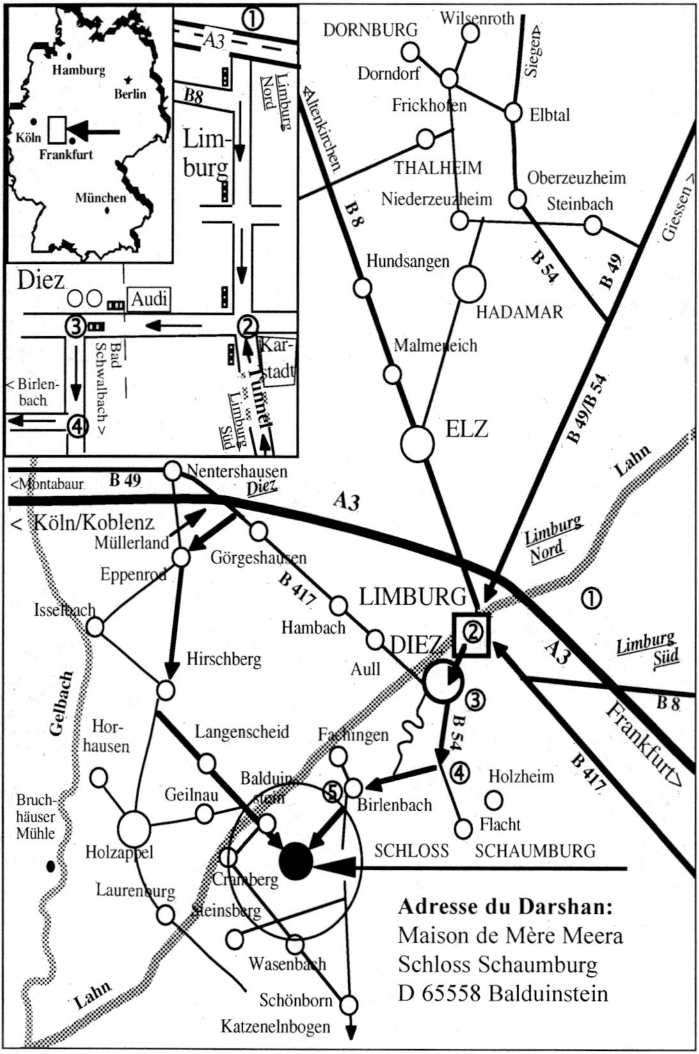

Adresse du Darshan:
Maison de Mère Meera
Schloss Schaumburg
D 65558 Balduinstein

Mère Meera donne le darshan tous les vendredi, samedi, dimanche et lundi. Il commence à 19 heures. Les gens doivent être à la salle polyvalente (Mehrzweckhalle) de Thalheim à 18h30. L'espace étant limité, il est nécessaire d'appeler pour réserver 10-12 semaines à l'avance. Les réservations ne se font que par téléphone entre 10 heures et 16 heures, sept jours sur sept. Toute correspondance pour Mère Meera doit être rédigée en telugu (la langue maternelle de Mère), en anglais ou en allemand.

L'adresse permanente de Mère Meera est:
Oberdorf 4a
D-65599 Dornburg-Thalheim
Allemagne
Tél. +49.(0)6436.2305
Fax. +49.(0)6436.2361
CompuServe: 100342,2574

Les livres suivants sur Mère Meera peuvent être obtenus à l'adresse ci-dessus:
Réponses Tome I par Mère Meera en anglais, allemand et français.
Réponses Tome II par Mère Meera en anglais.
La Mère par Adilakshmi en anglais, allemand et français.
Bringing Down the Light Peintures de Mère Meera.
Des photos de Mère Meera de dimensions 10x15 cm, 15x20 cm, et 20x30 cm., sont aussi disponibles.

Renseignements pour aller chez Mère Meera: Dornburg est un groupe de cinq villages à 15 km du nord de la ville de Limburg qui est située entre Francfort (Frankfurt) et Cologne (Köln). S.V.P, réservez vous-même votre hotel, venez habillé normalement et avec les cheveux lavés. Allez directement, à 18h30, au parking de la «Mehr-zweck-halle» (Salle polyvalente) de Thalheim. C'est le point central de rendez-vous pour tous les visiteurs. Ne vous garez pas ailleurs. Il n'y a aucun intérêt à venir plus tôt. N'allez pas dans les maisons des villages pour demander des informations ou des chambres. Il n'est pas permis aux enfants de venir; ils reçoivent les bénédictions de Mère par l'intermédiaire de leurs parents. Les personnes âgées doivent pouvoir restées assises calmement pendant trois heures. Mère répond aux questions par l'intermédiaire de la secrétaire, au téléphone de 16h à 17h, tous les vendredi, samedi, dimanche et lundi.

Voyage en train: les billets pour Limburg, Hadamar, Dornburg-Frickhofen, Wilsenroth et Willmenrod peuvent être achetés au «centre du voyage» sous l'aéroport terminal B. 1) Train navette: aéroport-gare centrale de Francfort. 2) Francfort-Limburg: quelques trains directs ou avec un changement facile à la gare de Niedernhausen. 3) Train local: Limburg-votre destination.

Autobus n°4280 départs en face de la gare de Limburg (près de l'église) via Hadamar-Niederzeuzheim-Dornburg. Pendant la semaine un car part de

Limburg à peu près toutes les heures. Le samedi et le dimanche le service est moins fréquent, vérifiez, s.v.p. les horaires. Le dimanche, il n'y a qu'un car à 14h30 pour Frickhofen-Wilsenroth-Willmenrod; et un autre à 16h15 pour Dorndorf et Thalheim.

Voyage en voiture: si vous voulez louer une voiture, il est recommandé de négocier le prix chez vous avant de venir. En voiture, il faut une heure pour aller de l'aéroport de Francfort à Dornburg. Prendre la direction de Wiesbaden, rejoindre l'autoroute A3 en direction de Cologne et sortir à Limburg Nord.

A partir de la ville de Francfort prendre la direction de Wiesbaden par l'autoroute A66, rejoindre l'autoroute A3 en direction de Cologne, 80 km jusqu'à Dornburg, sortie Limburg Nord, prendre la B54 en direction de Siegen.

A partir de Limburg: Route B54 en direction de Siegen, sortie Dornburg/Hadamar, tournez à gauche et allez tout droit en passant par Niederzeuzheim jusqu'à Dornburg-Thalheim (à gauche).

A partir de Cologne: Autoroute A3 en direction de Francfort, 100 km jusqu'à Limburg, sortie Limburg Nord vers la B54 en direction de Siegen.

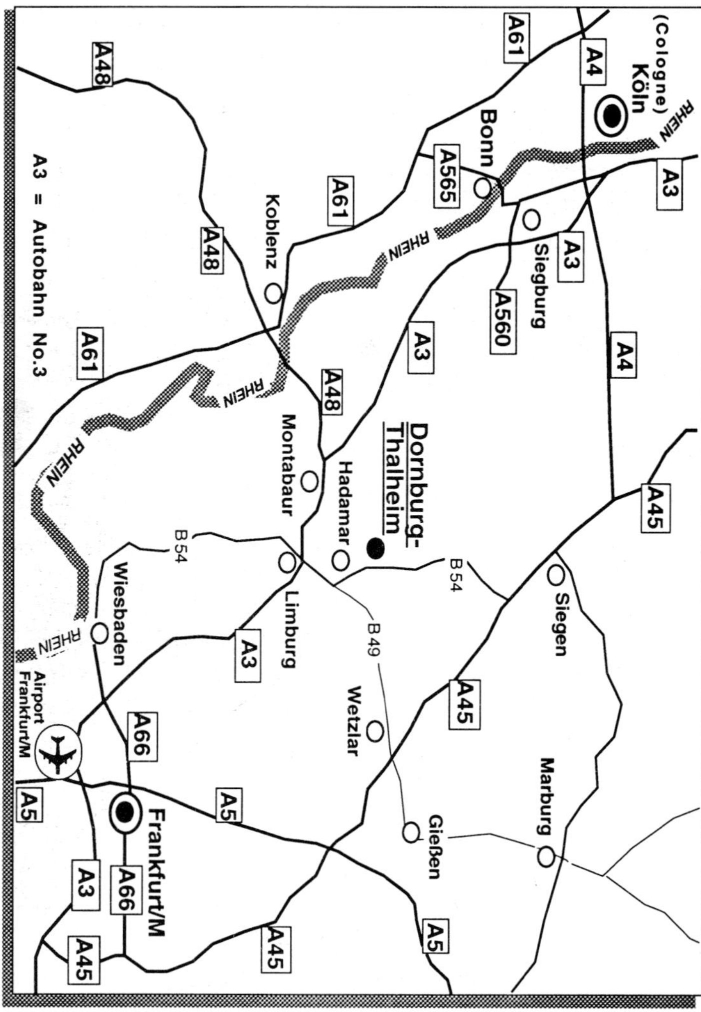
Köln
(Cologne)
RHEIN
A4
A61
A3
Bonn
A565
A61
Koblenz
A48
A48
Siegburg
A560
A3
A4
A61
A48
Dornburg-
Thalheim
Hadamar
Montabaur
A45
B 54
B 54
Limburg
Siegen
B 49
Wiesbaden
A3
Wetzlar
A45
Marburg
Airport
Frankfurt/M
A66
A5
A5
Frankfurt/M
Gießen
A3
A66
A45
A45
A5
A3 = Autobahn No.3

N° 6
Au Canada à Montréal (1979)